暖场有招

张　丛◎编著

NUANCHANG
YOU ZHAO

轻松应对重要场合

QINGSONG YINGDUI ZHONGYAO CHANGHE

中国纺织出版社有限公司

内 容 提 要

当代社交场景中，写字楼、宴会厅、家庭聚会中处处上演着“冷场戏码”，人们对彼此联结的渴望被沉默粉碎。“短暂失语症”蔓延，冷场记忆深刻，社交尴尬如影随形。提升暖场技能，成了现代人摆脱社交困境、开启优质社交的必由之路。

本书聚焦暖场技巧，将人际互动拆解成可复用的模块。每章以冷场故事起笔，引出暖场妙招，“心理学小展板”揭示社交底层逻辑，多种实用方法则手把手教你破局。掌握策略，尴尬消散，开口即暖场，局促瞬间也能化作高光时刻。

图书在版编目（CIP）数据

暖场有招：轻松应对重要场合 / 张丛编著. 北京：中国纺织出版社有限公司，2025. 7. -- ISBN 978-7-5229-2876-0

Ⅰ. C912.3-49

中国国家版本馆CIP数据核字20257YQ149号

责任编辑：李　杨　　责任校对：高　涵　　责任印制：储志伟

中国纺织出版社有限公司出版发行

地址：北京市朝阳区百子湾东里A407号楼　邮政编码：100124

销售电话：010—67004422　传真：010—87155801

http://www.c-textilep.com

中国纺织出版社天猫旗舰店

官方微博 http://weibo.com/2119887771

山东博雅彩印有限公司印刷 各地新华书店经销

2025年7月第1版第1次印刷

开本：880×1230　1/32　印张：6

字数：123千字　定价：59.80元

前言

深夜灯火通明的写字楼里，茶水间的咖啡机发出轻微的嗡鸣，两位实习生对着微波炉里旋转的便当盒相视无言、异常尴尬。

五星级酒店的宴会厅内，西装革履的张先生举着酒杯，听着客户谈论股票与高尔夫，不知道如何加入他们的话题。

家庭聚会的圆桌上，长辈们重复着“结婚、生子”的永恒命题，而年轻人却低头刷手机……

这些凝固的瞬间，正是当代社会的现实写照：我们比任何时候都渴望与他人的联结，却又在真实的相遇中陷入沉默的泥潭。

这不是某部黑色幽默电影的场景，而是每天发生在你我身边的社交困境。当你说出“最近工资发了吗”的瞬间，当会议室投影仪蓝光打在无人发言的面孔上，当生日蛋糕的烛火在尴尬的沉默中摇曳，那种如坐针毡的灼烧感，像一根细小的银针，精准刺入现代人的社交神经。

根据心理学家的追踪研究显示：当下很多成年人会在社交场合出现“短暂失语症”，而更令人震惊的是，这些冷场时刻的记忆在大脑中的留存时长是愉快对话的 3.7 倍。

但真正的暖场高手知道：沉默从来不是敌人，那些看似窘迫的空白，恰恰是重塑对话、拉近关系的绝佳画布。

暖场就像人际交往的“开场曲”，看似不起眼，却能决定后续互动的质量。暖场不但能够快速打破社交尴尬，建立彼此信任，还能提升沟通效率，创造记忆点。

本书将复杂的人际互动拆解为可复制的能量单元：每章开篇的小故事，既有让人尴尬到脚趾抠地的冷场瞬间，也有化解僵局、从容不迫的暖场妙招；“心理学小展板”揭示了社交背后种种心理学法则；而“暖场高手这样做”则提供了各种精准、实用的方法。

翻开这本书，你将获得的不只是避免社交尴尬的盾牌，更是创造惊喜的魔法杖。那些精心设计的暖场策略，能让你在会议室冷场时用咖啡杯碰撞出灵感火花，在家庭聚会上借老照片唤醒满室欢笑，甚至在与陌生人相遇的瞬间，用一场即兴的互动游戏编织出意想不到的联结。从此，每一次开口都不再是小心翼翼的试探，而是主动点亮氛围的魔法——把局促的场景变成记忆里的高光时刻。

张丛

2025 年 4 月

目 录

第一章

解密暖场

——闪亮登场的气氛担当

暖场真相：点燃群体热情的魔法棒

2023年某互联网公司年会，行政部按惯例安排了领导致辞、部门总结、颁奖、节目表演等环节。活动开始不到一小时，台下员工有一半以上都纷纷低头刷手机，配合的掌声也稀落如零星雨点。这时，行政总监项阳紧急介入，她在部门总结过后，中断原流程，临时发起"职场黑话大盘点"的活动——用抓阄方式让领导们与实习生组队，互相模仿对方岗位的吐槽语录（如领导捏着嗓子学实习生："这个需求真的很急吗？可我的奶茶还没喝完呢"）。接着项阳让行政人员将灯光从冷白光切换成赛博朋克风，背景音乐换成《西游记》片头曲加速版，让财务部领导扮演财神爷，用红包枪向空中发射带优惠码的纸条，并且大喊："财神爷给大家送福利了，注意！现在抢的不是纸，是明年的带薪年假！"

10分钟后，年会现场的分贝值从42飙升至89，人力资源总监事后反馈："那阵声浪震得我电子手表都弹出噪声警告了。"

通过这场年会干预揭示了一个真相：暖场不是锦上添花，而是激活群体情绪链式反应的按钮。

暖场，简言之，就是在活动开场时运用各种方式，如有趣的互动、幽默的话语、创意的游戏等，来打破参与者之间的隔阂，调动起大家的情绪，营造出积极活跃的氛围，其本质是制造可控的“情绪传染病”。

神经科学研究显示：当群体中有小部分人开始大笑时，剩余的大部分人会在几秒内无意识模仿（镜像神经元作用）；同步化的集体行为（如鼓掌、跟唱）可使多巴胺分泌量迅速提升，形成“心理共谋感”。也就是说，暖场高手实际上是在操控一套隐形的社会神经开关系统：通过制造情绪爆点、设计互动仪式、控制能量节奏，将松散的个体编织成情感共振的能量场。

暖场一方面能快速消除陌生感，让原本疏离的个体迅速融入群体，提升参与感；另一方面，良好的暖场能为活动定下积极基调，让参与者更专注、更投入，大大提高活动的整体效果。

心理学小展板 **情绪传染理论**

情绪传染理论是指直接或间接影响他人情绪和行为的能力，以及有意无意地通过言语或身体与他人分享情绪的行为。通常情况下，人会像感冒病毒一样“捕获”他人情绪，整个过程通过面部表情、语调、动作三层通道完成。

现在的人们注意力普遍不集中，据调查，79% 的参会者在活动开始 7 分钟后进入“心理离场”状态。缺乏情绪调动的会议，决策失误率增加 22%，而优质暖场能使信息留存率从 38% 提升至 64%。

暖场高手这样做

1. 如何暖场能让群体情绪高涨

暖场如同神奇的魔法，总能让群体迅速沉浸在热烈氛围中。这背后有着科学且精妙的逻辑（图 1）。

第一步：制造情绪爆点

通过全场倒计时喊口号、冷烟花喷射等突发性刺激，能快速提升群体的肾上腺素，让大家瞬间进入兴奋状态。

第二步：设计互动仪式

暖场者可开发专属手势，像比心后拍肩，每完成一项议程后集体重复该动作，增强群体的归属感与参与感。

第三步：能量节奏控制

确保现场氛围持续高涨，依据峰值定律，每 20 分钟可以制造一个情绪高点，这个情绪高点可能是一场趣味游戏、激动人心的抽奖或是一段幽默段子。

图 1　让群体情绪高涨的步骤

暖场第一步是制造情绪爆点。从生理唤醒角度，通过全场倒计时喊口号、冷烟花喷射等突发性刺激，能快速提升群体的肾上腺素，让大家瞬间进入兴奋状态。认知反差也是关键。打破常规的举动能极大地冲击人们的认知，引发强烈兴趣与情绪波动。

暖场第二步是设计互动仪式。设计互动仪式能进一步推动群体情绪升温，在动作绑定方面，暖场者可开发专属手势，像比心后拍肩，每完成一项议程后集体重复该动作，增强群体的归属感与参与感。

暖场第三步是能量节奏控制。能量节奏控制能确保现场氛围持续高涨，依据峰值定律，每20分钟可以制造一个情绪高点，这个情绪高点可能是一场趣味游戏、激动人心的抽奖或是一段幽默段子，它能不断给予群体新鲜感与刺激。

在高强度议程后，暖场者也可插入“树洞时间”，让大家匿名写下对领导的吐槽投入粉碎机，实现压力释放。

科学依据表明，根据具身认知理论，当群体动作同步率超过60%～80%时，会自发产生“我们是一伙的”心理暗示。通过这样环环相扣的步骤，暖场就可以成功点燃群体热情，让大家尽情释放，沉浸在欢乐的氛围之中。

2. 暖场高手的分寸感：表面笑嘻嘻，内心有尺矩

在暖场过程中，分寸感是暖场高手区别于一般人的关键特质，他们看似轻松愉悦，以笑容和热情感染众人，实则内心对分寸拿捏精准。

暖场高手拥有一套敏锐的观察系统。借助微表情监控，一旦发现超过30%的人出现交叉手臂等防御姿态，便能迅速察觉气氛不对，立即切换暖场策略，避免尴尬持续。同时，利用声音光谱仪，通过分贝数波动判断情绪拐点，将现场声压维持在理想的65～85分贝，确保氛围既不过于沉闷，

也不过于喧闹。

在进退法则上，暖场高手深谙邓巴数字的应用：面对 50 人以内小团体，他们能够深入了解成员特点，精准设计个人梗，让每个人都能感受到特别关注，拉近彼此距离；而当面对超过 150 人的大群体时，则巧妙改用群体符号，如地域梗、星座梗等，引发广泛共鸣。并且，他们严格遵循冒犯规避公式，选择具有 80% 共识度的话题，如加班，同时控制攻击性系数，确保玩笑既有趣又不会冒犯他人。

暖场高手的超能力图谱

2023 年夏天，一场备受瞩目的新能源汽车户外发布会正热烈地进行。现场人群满怀期待，目光聚焦舞台，可谁也没料到，变故突如其来。刹那间，天空乌云滚滚，大风席卷而来，豆大的雨点落下。大风引发了电路短路，发布会的大屏“唰”地一下黑屏，音响也没了声响。主持人苏晴站在雨中，大脑飞速运转。她敏锐地扫视全场，发现前排投资人的手不自觉地摸向手机，那是即将离场的信号；技术总监则眉头紧锁，满脸愁容。

就在这紧急关头，苏晴一把抓起雨伞，迅速跳上展车的引擎盖，大声喊道：“各位，老天爷这是在给咱们现场演示这款车的防水性能呢！大家都知道，我们的车电池即便泡水 24 小时，也能照样行驶！”说着，她向工程师使了个眼色，工程师迅速打开车门，展示毫无进水迹象的内饰。

苏晴运足丹田之气，大声说：“此刻，大家在雨中的感受，正是我们电池包所承受的极端测试环境！另外，也请大家稍安勿躁，一会工作人员将会把一次性雨衣发到大家手里！请大家耐心等待一下。”说着，她迎着雨，张开双臂，现场非常有感染力。随后，苏晴看着自己湿透的西装，笑着调侃自嘲：“瞧瞧我这身衣服，这可是‘沉浸式体验装’，堪比网红直播间的限量款！”

为了把控好现场节奏，苏晴果断将原定1小时的活动压缩至15分钟，并且每3分钟就插入一个互动环节：“大家在雨中合影发朋友圈，点赞过百就能获赠充电桩！”在她的努力下，现场气氛逐渐回暖，大家并没有受到小雨的影响，纷纷参与到活动中。

这场意外的小雨发布会，不仅没有成为一场灾难，反而使品牌曝光量远超预期。苏晴也凭借着观察力、应变力、感染力、幽默力和控场力，成功将一场危机巧妙化解。

顶级暖场高手宛如拥有特异功能的超人，他们每个人都具备令人惊叹的超强信息解码能力。以苏晴为例，她只需短短3秒，就能对所处环境展开全方位、无死角的精准扫描。无论是空间布局的细微之处、人群的情绪态势，还是潜藏在暗处的权力关系网络，都逃不过她敏锐的洞察力。

在面对应急事件时，暖场高手有着独特且巧妙的策略——利用观众的“认知吝啬鬼”模式化解危机。因为暖场高手深知：观众在接收信息时倾向于采用简单的认知方式，便凭借这一特点，就能用他们擅长的语言或行为来掌控现场。

心理学小展板 **“认知吝啬鬼”模式**

社会认知理论表明，人类在踏入陌生环境时，大脑出于节能考量，会不自觉启动“认知吝啬鬼”模式。此时，个体往往不会耗费过多精力去深度思考，而是依赖他人的反应来形成对当下情境的判断。

从苏晴的暖场经历以及她对危机的完美化解中我们可以清晰地看出，若想成为暖场高手，以下五种“超能力”不可或缺：

- 敏锐的观察力。
- 灵活的应变力。
- 强大的感染力。
- 巧妙的幽默力。
- 出色的控场力。

接下来我们就一一为大家介绍。

暖场高手这样做

1．观察力：3 秒看透现场，捕捉关键信息

暖场高手如同拥有一台精密的“人形扫描仪”，他们能在 3 秒内完成对现场的全方位洞察，具体做法为：

- 用 0.5 秒快速捕捉空间动线。了解在场人员行动路径是否合理；检查设备状态，确保活动顺利进行；识别光源死角，避免出现视觉盲区。
- 用 1 秒对群体肢体语言进行聚类分析。例如，抱臂往往代表

防御心理，不停地低头看手机则表示兴趣不大。

- 在 1.5 秒内精准定位关键人物。关键人物通常是众人目光聚焦者；同时察觉潜在不受控制的人，如频繁看表、坐立不安表现出不耐烦的人。

如果想提升自己的观察力，平时可以进行实操训练：每天观察 10 个陌生人，用手机备忘录把他们的情绪状态记录下来，到了晚上，再回头看看自己猜得准不准，通过这样不断地练习，你的观察力也能慢慢提高。

2. 应变力：巧用“问题转化法”，应对突发状况

应变力是暖场高手应对突发状况的关键能力。面对突发状况，暖场高手会运用问题转化法三步化解危机：

- 首先，重新框架化。例如，将设备故障转化为“独家测试机会”，迟到危机包装成“悬念营造策略”。
- 其次，实施痛点嫁接。当客户抱怨等待时回应“这正是好产品值得等待的证明，正如您打磨三年的新项目”。
- 最后，采用行为替代。例如，大屏黑屏时发起“人肉弹幕”，让观众用手机闪光灯拼品牌 LOGO。

3. 感染力：声音、表情、肢体语言的完美融合

感染力是暖场高手调动气氛的核心武器，要想修炼这种能力，构建三维能量共振系统至关重要：

- 在声音控制方面，我们可采用“抛物线发声法”，想象声波

如篮球划出弧线，将声音投射至场地 2/3 处，增强传播效果；关键句提速至 1.5 倍常速，触发紧迫感，抒情句降速 0.8 倍，营造沉浸感。

- 在表情管理上，“杜乡微笑”（嘴角上扬 + 眼周皱缩）可信度比假笑高 3 倍，每 90 秒切换一次表情模式，从严肃到惊讶再到愉悦，防止观众审美疲劳。
- 在肢体语言中，开放姿势（手掌向上展开角度 > 45° ）能增加接纳感，模仿观众手势，如对方摸下巴时，5 秒后做类似动作，可提升亲和力。

4. 幽默力：不冒犯的幽默秘籍，轻松逗乐全场

暖场高手都擅长使用各种幽默技巧，那么在不同场合，如何应用幽默技巧呢？

在正式商务会议上，用行业内常见问题制造幽默，如“咱们做方案时，是不是感觉像在解超级复杂的谜题，每次修改都像发现新线索”“做市场调研就像给市场做体检，到处瞅瞅、问问，看看它爱吃什么，对什么过敏，这样商家就能对症下药”等。

在家庭聚会中，讲述生活趣事，避免敏感话题。通过精准把握幽默尺度，既活跃气氛，又不会让任何人感到不适，让笑声成为暖场的最佳伴奏。

但是，幽默需要注意一些原则，如只调侃 80% 的人共同经历的事，不要用种族、宗教、外貌的梗等。

5. 控场力：时间与节奏掌控工具，让场面尽在掌握

暖场高手通常都对时间有着精准把控，每个环节都严格按预定时间推进。

在互动环节，我们可以依据参与者反应调整节奏。若游戏进行顺利，大家热情高涨，适当延长；若出现冷场，迅速切换话题或游戏。

在应急预案方面，我们可以预留 10%“弹性时间”应对突发状况。当场面过热时，启动分支任务，如“想继续讨论的留下，其他人移步茶歇区”。

在一场公司年会暖场中，暖场者发现某个互动游戏进展拖沓，应马上总结亮点，快速开启下一个游戏，让现场始终保持活力，确保整个暖场环节紧凑有序，为年会成功开场保驾护航。

第二章

暖场技巧

——从社交尴尬体质到气氛暖场王

语言是活跃气氛的催化剂

有一次，中德企业技术合作洽谈会在布置精美的会议室开场，双方对这次会议都满怀期待，但翻译设备突发故障，一阵尖锐电流声过后，会场立刻陷入沉寂。于是德国工程师误把“技术共享”听成“技术垄断”，原本融洽的氛围瞬间降至冰点，德方团队满脸疑惑与不满，现场气氛更是剑拔弩张。

中方代表林悦迅速应变。她微笑着举起咖啡杯，幽默地说：“这咖啡和罢工的翻译机一样苦，换个‘甜’话题吧。”随即把PPT切换到展示中德足球友谊赛照片，现场气氛才稍稍缓和。接着，林悦向德方提问：“听说贵司慕尼黑总部有冠军墙，合作成功的话，能给中国火锅底料留个位置吗？”德方代表先是一怔，随即一阵爽朗的笑声，紧张感得到了进一步缓解。

当德方谈及“严谨流程”时，林悦巧妙回应：“就像重庆火锅九宫格，分工明确，却能融合出美味。”她还分享自家工程师调试设备连吃72小时泡面，看弯管接头都像面条的故事，拉近彼此距离。签约时，林悦递上辣条，调侃这是中国“00后”的“工业革命燃料”，德方代表接过开怀大笑。最终，德方同意技术共享，还主动提议共建实验室。林悦凭借出色的语言能力，将30分钟冷场转变为2小时深谈合作，尽显了语言在商务谈判中的强大力量。

语言在暖场里，宛如神奇的催化剂，能实现从平淡到热烈的惊人转变。语言有着双重关键角色，既是让交流顺滑的社会润滑剂，又是加速情感升温的情感加速器。在上述案例中，林悦通过比喻把谈判比作火锅，以火锅的特性诠释复杂的合作流程，用夸张讲述“72小时泡面”的经历，将抽象概念化作直观画面，使人更容易理解。幽默与自嘲能瞬间消弭对话双方的“身份差”，大幅提升对方接纳意愿。而且，故事化表达因激活大脑叙事记忆区，信息留存率远超纯数据陈述。

所以，从本质上讲，暖场的语言是通过声波为载体，向群体潜意识植入情绪开关的精密工程。

心理学小展板 言语行为理论

言语行为理论由英国哲学家约翰·奥斯汀在20世纪50年代提出，这虽然是一个哲学理论，但在心理学中也得到广泛应用。言语行为理论认为说话本身就是一种行动，它揭示了语言具有远超描述的强大功能。

在实际情境里，语言绝非仅仅用于陈述事实。例如，在暖场或谈判等情境下，一个巧妙的幽默比喻，就能像神奇的魔法棒，瞬间扭转群体情绪走向，打破紧张沉闷，让氛围变得轻松活跃，推动交流顺利进行，充分展现语言作为行动的巨大影响力。

研究表明，生活中高达93%的人际冲突并非因交流内容，而是由表达方式不当引发。在暖场时，一旦出现冷场等尴尬局面，优质的语言干预能发挥巨大作用，可使冷场恢复时间缩短80%。在一场活动中，巧妙的话术能迅速化解尴尬，让交流重回正轨。语言就像一把声波手术刀，能精准切除暖场中的尴尬"肿瘤"，同时植入愉悦记忆"芯片"，让暖场效果显著提升，成为营造良好氛围的关键要素。

暖场高手这样做

1. 用幽默粉碎尴尬

幽默是暖场的有力武器。

我们可以从日常生活、工作中的小失误、反差现象入手制造幽默。在正式商务会议开场，如果发现大家有些严肃，你可以说："今天会议室的严肃氛围，感觉都能把空气凝固了，我都怕一会儿说话，声音会被冻住。"如果想进一步延伸这个幽默，还能接着说："要是有杯热水就好了，说不定能让这空气解冻，大家交流起来也更顺畅。"

在朋友聚会中，有人不小心洒了饮料，你可以笑着说："看来这饮料也迫不及待要加入我们的欢乐派对，来个'激情飞溅'表演。"然后顺势提议："要不我们趁这机会，来个饮料溅落创意解读游戏，看看谁能给这意外场景编出最有趣的故事。”通过这些递进式的幽默表达，不仅化解尴尬，还能进一步引导大家参与互动，让氛围更加轻松愉快。

2. 巧妙提问引导话题

暖场提问要具体且有针对性，比如在一场读书分享会中，你想与他人交流，不要问“你喜欢读书吗”这种宽泛问题，而是问“你最近读的那本（书名），书中哪个情节最让你印象深刻？”为了让提问更深入，你还可追问：“这个情节为什么会给你留下这么深的印象呢？它有没有让你联想到生活中的某些经历？”

在社交场合，了解对方职业后，你可问“在（对方职业）领域，最近有没有遇到什么特别有挑战性的任务？”接着你可以补充：“完成这个任务过程中，有没有发生一些意想不到的小插曲，让原本艰难的任务多了些别样色彩？”这种连环式的具体提问，能引导对方充分分享，深入探讨话题，挖掘出更多有趣内容，推动交流不断深入。

3. 学会接话，冷场也能瞬间被激活

接话时要认真倾听对方话语，抓住关键信息进行回应。若对方说“我最近去旅游了，那边的风景特别美”，你可以接“真羡慕你，是哪里的风景呀？快和我详细说说，我都迫不及待想‘云旅游’一下了。”

在对方介绍完地点后，你可以继续追问：“那当地有没有什么特色美食，让你在欣赏美景之余，味蕾也享受了一场盛宴呢？”若对方分享工作上的成就，你回应：“这太了不起了，能和我讲讲在这个过程中你克服的最大

困难是什么吗？”等对方回答后，再进一步询问：“克服困难后，你最大的收获是什么？这个经历对你后续工作有哪些启发呢？”通过这样层层递进的接话方式，让交流持续升温，不断拓展话题深度与广度，有效避免冷场。

4. 用故事吸引对方注意力

很多时候，讲故事比讲道理让对方更容易接纳。需要注意的是：故事要有情节、有冲突、有亮点。

在公司团建活动中，你可以讲：“之前我们团队做一个项目，时间紧迫，资源也有限。大家都觉得几乎不可能完成，就在大家愁眉不展时，有个同事想出了一个大胆的创意……”然后详细描述这个创意：“他提议打破常规流程，采用一种全新的协作模式，让原本各自为战的部门紧密联合起来，共享资源。可这个想法在一开始遭到了很多人的质疑，大家都担心会适得其反。”

接着你可以讲述冲突解决过程：“面对质疑，他没有退缩，而是带着几个志同道合的同事，利用业余时间做了一个小型试点，用实际成果证明了这个创意的可行性。最终，整个团队齐心协力，成功完成了项目，还获得了公司的特别表彰。”

通过丰富故事细节，增强情节的曲折性，能迅速抓住听众注意力，引发强烈共鸣，让大家全身心沉浸其中，极大增强交流互动效果。

5. 适当抛个梗，暖场又暖心

活跃气氛时，你可以适当抛个梗，这样暖场又暖心。暖场高手通常都是“玩梗”高手，他们了解当下流行文化、行业热门梗，然后根据场合适时抛出。

在互联网行业交流中，“内卷”“躺平”等都是热门词语，如“最近项目推进，感觉大家都在‘内卷’的路上一路狂奔，偶尔也想‘躺平’一下”随后你可以结合实际调侃：“不过仔细想想，咱们这‘躺平’也只能是精神上暂时放松下，手上的活儿可不敢真‘躺平’，不然甲方可不答应。”

在影视爱好者聚会中，你可以用经典影视梗，如“你这想法，简直就是《星球大战》里绝地武士的神操作。”你还可以进一步延伸梗的内涵：“要是现实中也有原力就好了，遇到难题，挥挥手就能轻松解决，大家工作、生活都能像绝地武士一样开挂。”通过对梗的巧妙拓展，不仅能瞬间拉近彼此距离，还能营造出轻松诙谐且充满深度的交流氛围。

「互动游戏激活群体多巴胺」

某互联网公司组织了一场50人的露营团建，员工们本满怀期待，憧憬着在户外尽情放松，享受篝火晚会的欢乐。然而，当活动正进行时，天空突然下起了暴雨，帐篷区积水严重，大家满心的期待瞬间化为失落。

活动策划师周然见此情景，迅速从背包里掏出事先准备好的荧光棒和卡牌，决定发起一场“暴雨生存挑战赛”。他将荧光棒分发给众人说：“现在大家都是移动信号灯，哪个组能最快组成 Wi-Fi 图案，就能优先挑选干燥的帐篷！”这一指令瞬间吸引了大家的注意，原本沉闷的氛围开始有了一丝生气。

紧接着，周然组织起故事接龙活动，以“暴雨夜的秘密任务”为主题，要求每人在30秒内续写剧情，失败者要用头灯表演“人脸表情包”。这个游戏让大家脑洞大开，新奇有趣的剧情不断涌现，笑声和雨声交织在一起。

除此之外，现场还安排了飞花令升级版，以“水”为主题，但诗句必须包含互联网黑话。员工们搜肠刮肚，像“君问归期未有期，OKR 还没对齐”这样令人捧腹的诗句脱口而出。

最后，周然带领全员做“雨中求生物语”热身操，大家用夸张的动作模仿拧干衣服、躲避闪电，并集体抖动模拟“人肉烘干机”。原本垂头丧气的团队，仅仅20分钟后，笑闹声就压过了雨声。

互动游戏在暖场中意义非凡，它的本质是制造可控的集体心流体验，其价值远超娱乐表层，能够跨越人们之间的陌生与隔阂，让个体迅速融入群体。通过共同参与游戏，大家能建立起情感联结，增强彼此的认同感与归属感，营造出轻松愉悦、积极向上的氛围，为后续活动的顺利开展铺就道路。

心理学小展板 **群体同步理论**

群体同步理论是一个跨学科概念，但其在心理学中具有重要应用。群体同步理论指出：当人类同步进行肢体动作（如舞蹈、鼓掌）或语言节奏（如口号、合唱）时，脑内分泌的β-内啡肽（天然止痛剂）水平激增，会产生欣快感；催产素分泌量提升31%，增强信任与慷慨倾向；前额叶皮层抑制个体防御机制，使群体决策更趋一致。所以，互动游戏设计本质是制造同步触发器，通过道具、规则、奖惩机制，引导群体进入共振状态。

在数字化社交泛滥的今天，83%的职场人坦言“线上会议后更孤独，而优质互动游戏可使陌生人社交距离缩短速度提升5倍。所以，要想成为一名暖场高手，掌握互动游戏相关技巧十分必要。

暖场高手这样做

1. 借助道具调动气氛

道具能为互动游戏增添无限趣味与创意，这一技巧是暖场高手经常使用的。

以“接力拼图”为例，活动前，暖场者可以准备一幅大型拼图，将其拆分成若干小块，把参与者分成小组，每组选派成员依次接力。在规定时间内，各小组需通力合作，共同完成拼图。游戏期间，大家要沟通策略、分工协作，如有人负责寻找边缘拼图，有人专注色彩匹配。通过这种方式，不仅可以锻炼团队的协作能力，增加了游戏挑战性，还可以让参与者沉浸其中，充分享受互动乐趣。

又如“气球塔搭建”游戏，暖场者可以安排每个小组领取一定数量的气球和胶带，在规定时间内搭建尽可能高且稳固的气球塔。在搭建过程中，小组成员需要相互配合，思考搭建技巧，如何让气球紧密排列、如何用胶带固定等。当一座座形态各异的气球塔搭建完成，大家的成就感与喜悦之情溢于言表，现场氛围也被推向高潮。

暖场者可以参照表 1 中的四象限法则来选择或者自制暖场游戏道具，这样既安全又有趣。

表 1　道具选择四象限法则

安全系数	避免尖锐物品，优选柔性可变形物，如荧光棒、丝巾、气球等
符号意义	赋予道具戏剧化身份，如“这根充电线现在是传国玉玺，抢到者颁布新政”
可拓展性	基础玩法，如用丝巾绑腿玩两人三足
	进阶模式，如丝巾蒙眼后通过队友指令跨越障碍物
意外机制	在气球中随机混入“特权卡”，如“强制交换对手道具”

2. 故事接龙，烧脑又有趣

故事接龙也是互动活动中常常用到的技巧，它能充分激发参与者的想象力与创造力。游戏开始前，暖场者先确定一个主题，如“未来城市冒险”。

第一个人开启故事：“在 2099 年的未来城市，高楼大厦直插云霄，交通轨道在空中纵横交错。小明是一名勇敢的城市探险家，他发现了一个神秘的地下通道入口。”

第二个人接着往下编：“小明小心翼翼地走进通道，里面弥漫着奇异的光芒。突然，他听到一阵低沉的咆哮声，似乎有什么神秘生物潜伏在黑暗中。”

依此类推，每个人都在前一个人的基础上，发挥创意续写故事。在这个过程中，参与者需要认真倾听前一个人的故事，快速构思情节，锻炼了语言组织与逻辑思维能力。而且，随着故事的推进，大家的热情会被持续点燃，沉浸在充满奇幻色彩的故事世界里，互动氛围愈发浓厚。

3．词语编故事

暖场者还可以使用词语引导大家一起编故事。

具体做法为：暖场者提前准备一些卡片，上面写有不同类型的词语，如动物、物品、地点、动作等。然后在场参与者随机抽取 3~5 张卡片，并根据这些词语编一个完整的故事。假设抽到“老虎”“飞船”“森林”“寻找”这几个词语，参与者可能会编出这样的故事：“在遥远的外太空，一艘探索飞船正执行着神秘任务。飞船上的宇航员们意外穿越到了一个奇异星球，这个星球被茂密的森林覆盖。当他们降落到森林中时，发现这里生存着一种凶猛的老虎。为了找到返回地球的方法，宇航员们不得不深入森林，开启了一场寻找神秘能量源的冒险之旅。”

这个游戏考验参与者的应变能力，需要将看似毫无关联的词语巧妙串联成故事。大家在绞尽脑汁创作故事的同时，也会被彼此新奇的创意逗得哈哈大笑，有效活跃暖场气氛，促进相互间的交流与互动。

4．一起来玩飞花令

飞花令是一种经典的诗词游戏，能为暖场增添浓厚的文化氛围。

飞花令游戏规则是指定一个字，参与者依次说出含有该字的诗词。若指定“花”字，第一个人说“花开堪折直须折”，下一个人接“花落知多少”。随着游戏推进，难度逐渐增加，参与者需要快速在脑海中搜索诗词。这个游戏不仅能展示大家的文学素养，还能让参与者在诗词的海洋中感受传统文化的魅力。

在暖场中，飞花令让大家在轻松愉快的氛围中进行知识交流与比拼，提升群体参与热情，为活动注入高雅气息。同时，诗词的优美韵律与丰富内涵也能舒缓紧张情绪，拉近彼此距离，营造出和谐融洽的交流环境。

5. 动动手脚场子瞬间热炸

热身操是一种简单直接且效果显著的暖场游戏。

暖场者可以在活动间歇引导大家挑选一首节奏欢快、充满活力的音乐，如《阳光彩虹小白马》《快乐崇拜》等，由一名领操员带领大家一起做简单的肢体动作，如伸展手臂、扭动腰部、踢腿、跳跃等。这些动作无须复杂，但要富有节奏感与活力。大家跟着音乐节奏，整齐地做出各种动作，既能活动身体，又能迅速调动情绪。在做热身操的过程中，大家的身体逐渐发热，心情也随之变得愉悦。

随着音乐推进，现场气氛会越来越热烈，参与者之间的陌生感在欢快动作中迅速消除，为后续活动营造出充满活力的氛围。例如，在一场培训活动开场，通过一段 5 分钟的热身操，大家从最初的困倦、拘谨变得精神抖擞，彼此间开始主动交流、分享感受，为培训的顺利开展奠定了良好基础。

这些互动游戏各具特色，无论是借助道具带来的新奇体验，还是故事接龙、词语编故事激发的创意风暴，抑或是飞花令展现的文化底蕴，以及热身操营造的活力氛围，都能充分调动群体积极性，激活大脑中的多巴胺，让暖场效果达到最佳。在实际应用中，暖场者可依据活动主题、参与者特点和场地条件，灵活选择合适的互动游戏，让每一次暖场都成为令人难忘的欢乐时光。

暖场高手这些雷区不要踩

在一场行业交流晚宴上，新人小王一心想在众多前辈面前展现自己，活跃气氛。晚宴开场，他便滔滔不绝地讲述自己过往的“辉煌事迹”，从大学时获得的奖学金，到工作后参与的几个小项目，事无巨细。在讲述过程中，他还不时穿插一些夸张的表演，试图制造笑点，但因过于“放飞自我”，言语间充满炫耀之意。

在这期间，有人提及近期行业内一个颇具争议的敏感话题，小王没有丝毫犹豫，大声表达自己较为激进的观点，完全没注意到部分前辈面露不悦。之后，一位同事分享工作中的挫折，小王不仅没有给予安慰，反而开始抱怨自己工作中的种种不顺，将负面情绪一股脑宣泄出来。更糟糕的是，在与一位女同事交流时，他竟贸然询问对方的感情状况、薪资等个人隐私问题。整个晚宴下来，原本期待能给人留下好印象的小王，却因接连踩中暖场雷区，让众人对他好感全无，场面也一度陷入尴尬。

暖场的目的是营造积极、和谐、愉悦的氛围，拉近人与人之间的距离。但从另一个角度来说，暖场又是在群体敏感带上跳舞，雷区规避关乎根本的社交生存法则，如信任守恒定律，建立信任需 100 个正向互动，摧毁只需1次越界行为；情绪污染效应，负面情绪在群体中的传染速度是正向情绪的3倍，如同在清水中滴入墨汁；认知标签固化：一旦被打上“冒失鬼”标签，后续所有行为都会被负面滤镜解读；还有法律红线，涉及种族、性别、宗教的玩笑可能触发法律诉讼。所以，真正的暖场高手，实则是社交“拆弹专家”，既要引燃热情，又要精准避开每个情绪“地雷”。

心理学小展板 **社会交换理论**

社会交换理论指出，人际互动本质是成本与收益的权衡过程。当暖场行为带来的心理收益（愉悦感、归属感）大于心理成本（尴尬、被冒犯感）时，关系得以维系；一旦越界行为导致成本超载，个体会立即启动社交止损机制（疏离、对抗、离场）。

据研究显示，遭遇冒犯的群体需要5次积极互动才能抵消1次严重越界的影响。这就解释了为何顶级暖场者会将风险管控置于效果追求之前，如同外科医生遵循“首先不伤害”原则。

暖场者一旦踏入参与者的情绪雷区，不仅无法达成暖场目的，还可能引发他人反感，破坏整体氛围，甚至对个人形象和人际关系造成负面影响。

所以，暖场高手都会规避雷区，这不仅是礼仪修养，更是职业生存的安全气囊，它能帮助我们在社交、职场等各种场合中以恰当的方式与他人互动，维护良好的人际关系。

暖场高手这样做

1. 把握娱乐分寸，避免过度“放飞”

在暖场时，适度娱乐能活跃气氛，但要掌握好度。例如在公司年会上表演节目，选择轻松有趣的内容是对的，但不能为了博眼球而做出过于夸张、低俗的表演。表演时长也要控制，避免占用过多时间。可以提前排练，确保表演既有趣又不失分寸。

关于如何把握娱乐分寸，暖场者可参考表 2 中的“三圈测试法”：

表 2　娱乐三圈测试法

核心圈	只调侃自己或虚拟人物，如“我的发际线比公司上市进度跑得快”
缓冲圈	可涉及无伤大雅的公共话题，如天气、交通
禁区圈	严禁触碰外貌、年龄、收入、信仰

2. 自我展示太多就是炫耀

自我展示是建立联系的一种方式，但把握不好度就成了炫耀。

当暖场者分享自己的成就时，要简洁且真诚，重点在于分享经验与感悟，而不是强调成就本身。

在讲述过程中，暖场者多关注他人反应，适时引导他人分享类似经历，将单向展示变为双向交流。若发现他人眼神游离或表现出不感兴趣，应及时调整话题。另外，暖场者可以参考表 3，进行个性化设计自我展示话术。

表 3 自我展示要点

20 秒原则	个人经历陈述不超过 20 秒，超时需切入互动提问
三明治话术	自我经历（10 秒）→对方关联（“您应该也遇到过类似情况”）→开放提问
价值转化	将成就转化为方法论，如“当年这个选择教会我……”
	用自黑对冲炫耀感，如“后来发现所谓眼光好，其实是傻大胆”
反面教材	“我”字出现频率每分钟超 3 次即触发警报，需立即切换为“您觉得……”

3. 规避那些敏感话题

在暖场活动中，暖场者要提前了解活动场合和参与者背景，避开可能引发争议的敏感话题。例如，在多元文化的聚会中，避免谈论宗教信仰、政治立场等话题。若不小心提及敏感话题，要及时察觉氛围变化，巧妙转移话题（表 4）。

表 4 禁忌话题四维提示

文化维度	核查客户所属民族的饮食禁忌、数字忌讳，如西方避谈 13，日本慎用 4
行业维度	医疗行业避谈死亡率，教育行业慎用“淘汰”等词
个人维度	提前通过一些途径，如领英、年报等了解客户婚姻状况、健康史
时事维度	政治争议、灾难伤亡等话题永久封存

4. 负面情绪莫传达

在暖场时，暖场者要保持积极乐观的态度，当遇到不如意的事，不要在众人面前抱怨、宣泄负面情绪。若被问及工作中的困难，可换个角度分享应对困难的积极做法。

例如，被问到项目进展不顺利，你可以说："项目确实遇到了一些挑战，不过我们团队正在积极想办法，已经制订了几个解决方案，相信很快就能取得突破。"同时，当他人分享负面经历时，给予积极回应，如安慰、鼓励或提供建设性意见，而不是跟着一起抱怨，将负面情绪扩大。

5. 个人隐私要尊重

尊重他人隐私，不随意打听年龄、收入、感情状况、家庭矛盾等私人问题。在交流中，注意言辞，避免因无心之语侵犯他人隐私。例如，在与同事聊天时，不要问"你今年多大了？怎么还不结婚？"这类问题。若不小心涉及他人隐私，要及时道歉，转移话题。同时，在分享自己的事情时，也要注意保护个人隐私，避免过度暴露，给他人造成不必要的压力或困扰。例如，在讲述家庭生活时，不要提及过于私密的家庭矛盾细节。

在社交中，通过避免踏入这些雷区，我们能营造出更加和谐、舒适、积极的交流氛围，让暖场真正发挥其应有的作用，帮助我们在各种场合中与他人建立良好关系，实现高效沟通与互动。在实际暖场过程中，时刻保持警觉，不断提升自己的社交素养，让每一次暖场都成为一次愉快的社交体验。

第三章

职场攻略

——从职场透明人到暖场焦点王

新人如何开启职场社交第一步

周一的清晨，林夏站在 18 层写字楼的落地窗前，望着楼下车流发呆。作为市场部新入职的应届生，她提前半小时到达办公室，恰好在茶水间门口与部门总监陈总“狭路相逢”。

“新同事？”陈总监问道，林夏攥着工作牌点头，准备好的自我介绍卡在喉间。

一小时后，周例会开始了。会议室里 12 张陌生面孔倒映在环形会议桌上。林夏的声音在投影仪蓝光中颤抖：“大家好，我是林夏，毕业于……”，这时，斜对面的产品经理突然插话：“林夏？和我们新上线的客服系统同名呢。”

空气凝固的瞬间，林夏此时没有像在茶水间遇到陈总那样，如鲠在喉，她深吸一口气，朗声说道：“我想可能的确有点渊源。”停顿 2 秒，继续说，“父母希望我像夏天的树林般充满生命力，但现在听到这个名字，总忍不住想演示系统新功能。”

话音一落，会议室的同事们都笑了，仿佛在为这个小姑娘的暖场能力和应变能力点赞。

三个月后的季度汇报会上，林夏从容开场：“我是正在让名字与能力匹配的市场新人，今天聊聊那些让我们夜不能寐的用户痛点……”

职场是典型的社会群体，职场新人常常需要通过“破冰仪式＋暖场技巧”证明自己的群体归属感。当林夏用名字梗化解冷场时，笑声本质上是群体释放的接纳信号。

心理学家研究发现，未能完成初次暖场的职场新人，被团队边缘化的概率会更高，而成功暖场者获得重要项目的机会也可能会比普通新人要大。就像林夏用名字梗打破僵局，而职场中的初次互动往往藏着改变人际关系的蝴蝶效应。

心理学小展板 群体认同感

群体认同感指的是个体在心理上认为自己属于某个群体，并在认知、情感和态度等方面与该群体产生共鸣和一致性的感觉。它是个体与群体之间的一种心理联系，体现了个体对群体的归属感和对群体价值观、规范等的接受与认可。

现代职场正如古代修罗场，每个新人都是初入角斗场的战士，这些战士有像林夏一样掌握了暖场和破冰技巧，迅速融入团队的，也有因紧张导致自我介绍卡壳，陷入尴尬沉默的。这样的场景每天都在写字楼里重复上演，背后折射出一个残酷的现实：不会暖场的新人，正在错失职业发展的黄金机会。对于职场新人来说，暖场不是讨好的表演，而是应变能力的体现，是职场生存的必备技能。

那么，职场新人应该掌握哪些暖场方法呢？

暖场高手这样做

1．场景预演，用细节构建心理锚点

上班第一天千万不要迟到，尽量提前15分钟到达办公室，观察环境中的可聊元素：绿植品种、工位装饰、会议日程表等。

市场新人林夏入职当天，就提前到达办公室，虽然在茶水间遇到总监后比较紧张，但是她迅速调整心态，在一小时后的例会上表现出色，成功开启自己的介绍，也开启了自己的职场新征程。

2．名字解码，从符号到故事的转化

新人入职，一番自我介绍总是难免的，如何在晨会上自我介绍，如何面向领导做自我介绍，如何向身边的同事做自我介绍？不同的场景、面对不同的人物，方法也是不同的。

市场新人林夏在部门会议中自我介绍：“父母希望我像夏天的树林般充满生命力，但现在听到这个名字，总忍不住想演示系统新功能。”这种将个人特质与业务场景结合，从符号到故事转化的方式，使她迅速在领导和同事面前赢得了群体认同感，快速融入了团队，当然也展现了优秀的应变能力，而这正是市场部门员工宝贵的品质。

3．幽默破冰，用轻松方式化解距离

新入职场的员工，常常会被问及“为什么选择我们公司”，尤其是在

面对领导时。那么，如何回答呢？不妨采用类比手法：“我喜欢咱们公司的创新文化，就像重庆火锅，看着热闹，吃起来更有层次。”这种隐喻式幽默既能展示观察力，又能缓解紧张氛围。

每个人都喜欢幽默，幽默不仅仅是讲几个笑话，它更是一种智慧的体现，斯坦福大学研究发现，适度幽默可使职场亲和力提升55%。拥有幽默特质的人，就像自带光环，总能轻松吸引他人的目光，职场之路也会越走越顺，越走越宽。

「客户接待的隐形暖场技巧」

2022 年的一天，某医疗器械公司销售总监陈明负责接待一家三甲医院的采购团队。此前两家公司合作意向比较模糊，客户态度谨慎。会议前三天，陈明通过行业论坛了解到客户方负责人李主任是茶文化爱好者，并且团队中有成员曾参与过马拉松赛事。于是，他迅速调整接待方案，在会议室布置上撤掉传统投影仪，改用电子屏播放医院手术室实景图（贴合客户需求），圆桌中央摆放紫砂茶具，提前温壶醒茶。在 15 分钟休息时段，安排茶艺师演示潮州工夫茶，同时端上定制“能量补给包”——印有医院 LOGO 的运动蛋白棒。在为结束会议的礼品赠送上，用装有凤凰单枞茶的木质礼盒，盒内附手写卡片“医者如茶，历苦回甘”。

会议当天，李主任在茶艺演示时主动分享了自己收藏老茶的故事，团队成员在品尝蛋白棒时笑谈：“你们连我们科护士长的健身习惯都摸透了？”最终，原本计划 1 小时的会议延长至 3 小时，双方当场敲定试用合作。

在商务活动中，客户接待本质是一场非暴力沟通：通过环境、语言、行为的隐性设计，在客户潜意识中植入信任感与亲近感。据数据调查显示，

83% 的合作意向基本都发生于非正式沟通场景，而暖场的核心价值在于：

- 破解权力距离，利用茶歇、赠礼等动作将双方从“甲乙方”重置为“人与人”的平等对话。
- 激发自我暴露，当客户在放松状态下透露个人偏好时，相当于递出关系深化的“邀请函”。
- 制造记忆锚点，嗅觉（茶香）、味觉（茶点）、触觉（礼品材质）形成的多感官记忆，可使品牌印象留存度提升 47%（神经营销学实验数据）。

心理学小展板 个人空间理论

个人空间理论是由美国人类学家爱德华·霍尔提出的，这个理论认为：不同情境下的人际安全距离感知存在文化差异，但普遍认为 0.45 米以内属于亲密距离，0.45 ~ 1.2 米属于个人距离。

个人空间理论在客户接待中可以应用到很多场景，帮助我们判断对方的心理活动。例如，你可以通过观察客户与接待人员之间杯子的距离来判断客户对接待人员的信任程度和关系的亲疏，从而思考接下来如何与客户有效沟通，这就是隐形的暖场技巧。

暖场高手这样做

1. 深入了解客户，精心布置会议室

暖场者在客户接待过程中要深入了解客户信息，并精心布置会议室。这样做的核心逻辑在于用环境语言传递“专属定制感”。在操作时，先进行客户信息三维解码：

- 从基础层而言，通过企业官网、年报以及行业报告，能够知晓客户的业务痛点，如医院采购往往关注设备灭菌效率。
- 进阶层则需挖掘个人标签，像在领英动态中了解客户的职业成就，从社交媒体发现某高管常晒骑行照片，在行业论坛中留意客户曾吐槽传统设备操作复杂等信息。
- 核心层要求提前 24 小时确认客户行程细节，如航班延误可安排贵宾厅，了解客户的健康需求，为腰椎不适者准备人体工学椅等。

会议室场景化重构也极为关键：

- 在视觉锚点方面，可以在客户落座区域摆放与其行业相关的道具，如为教育客户放置黑板板书照片，以此制造“主场幻觉”。
- 感官渗透上，将温度控制在 22℃，因为斯坦福实验证明此温度下合作意愿可提升 26%。
- 背景音乐选用客户家乡民谣的纯音乐版，从而触发情感共鸣。
- 投影仪开机画面设为客户成功案例，如“XX 医院使用我司设

备完成首例微创手术”。

需要注意的是，要避免过度堆砌企业标识，以防触发客户防御心理，重点在于通过细节让客户由衷感叹“他们连我三年前的演讲内容都知道”。

2. 茶歇时间，可能是“非正式谈判”的黄金时刻

茶歇时间堪称“非正式谈判”的黄金时刻，其核心逻辑是利用多巴胺峰值瓦解理性防御。在实际应对中，暖场者对时空的控制很重要。例如，在会议开始后第 55 分钟，也就是注意力衰退临界点插入茶歇，此时客户大脑皮层葡萄糖水平下降 15%，更易于接受感性提议。同时，将会场与茶歇区距离控制在 15 米内，以促进边走边聊的自然互动。

暖场者要注意，餐食设计也需要别具匠心。例如，为上海客户准备鲜肉月饼，对美籍客户用苹果派配肉桂香薰，以此实现记忆唤醒。在社交道具的选择上，可以提供需双手配合的食物，如带壳坚果，增加客户放下手机的概率。在餐盘旁摆放行业趋势报告节选，或客户母校校庆纪念册，充当话题饵料。

暖场者要明白茶歇时客户大脑处于 α 波状态，松弛但不昏沉，此时提出的建议被接纳度比正式会议高出很多。

3. 小礼物的大作用：贴心礼品拉近客户距离

小礼物在拉近客户距离上作用显著，因为“低压力赠礼”可以触发互惠本能。暖场者在执行此策略需要遵循以下三个原则：

- 实用原则，可准备便携充电宝，并印上客户名字缩写。

- 情感原则，可定制星图，标记签约当晚的星空。
- 符号原则，可推出与客户母校联名款笔记本，激活集体归属感。

在给客户赠礼时还需遵循四不原则：

- 不超 500 元，避免商业贿赂之嫌。
- 不用企业 LOGO 礼盒，以防显得功利。
- 不在公开场合赠送，防止同行比较尴尬。
- 不期待即时回报，埋下长期关系伏笔。

暖场者还需注意场景化植入。例如，雨天送客户上车时“随手”递伞，可说“这把伞骨是航空铝材的，抗风性和您上次提的设备支架一样强”；针对失眠客户，赠送助眠喷雾时附言“听说您常熬夜看报表，这个配方是我们实验室小伙伴的救命神器”。

4. 接待话术的艺术：用语言打动客户

暖场者在接待客户时，沟通话术可以用“共鸣—引导”模型替代推销话术，具体可以使用FNE话术框架、痛点翻译术、隐喻话术、沉默博弈等。

FNE话术框架如下：

- fact（事实），如“看到您团队去年完成了37台心脏介入手术”，以此展示深度调研。
- need（需求），如“这类高强度手术对设备响应速度要求极高”。
- emotion（情感），如“主刀医生等待设备重启时的焦虑，我们工程师感同身受”。

团建与聚餐是融入团队最佳时机

入职三个月的小张，在公司茶水间总能听到同事们的欢声笑语，但每次他端着咖啡走近，对话就会突然冷场。部门周会时，他的座位永远在投影光线最暗的角落，就连主管宣布新员工欢迎会，也会把他的名字说成“新来的实习生”。这种被集体忽视的感觉，像无形的枷锁束缚着他。

转机出现在公司组织的千岛湖徒步团建。当大巴车驶入蜿蜒的山路时，小张正蜷缩在后座刷手机，突然被教练的声音惊醒：“所有人下车！现在开始‘自然盲行’挑战！”眼罩落下的瞬间，小张感觉手心沁出冷汗，直到搭档的手轻轻搭在他肩上：“别怕，我是市场部的，你可以叫我王姐。前面三步有块石头，抬脚时记得往左偏十五度。”

在王姐的引导下，小张踩过潮湿的青苔，跨过横斜的树枝，当他的登山靴陷入泥潭时，王姐甚至蹲下身帮他清理鞋帮。摘下眼罩的刹那，小张看到王姐沾满泥土的裤脚，突然想起上周自己感冒请假，是王姐悄悄把药放在他的工位上。

接下来的“团队拼图”环节，小张发现自己的空间思维能力意外派上用场。他蹲在草地上，将散落的地图碎片拼接成完整的千岛湖轮廓，研发部的李工突然拍他肩膀：“兄弟，你这逻辑能力不去做架构师可惜了！”晚餐时，小张主动坐在烧烤架旁帮忙翻转食材，当他把烤得焦香的鸡翅递给财务部的陈姐时，对方惊喜地说：“原来你这么会照顾人！”

返程大巴上，主管突然提议玩“职场故事接龙”。轮到小张时，他深吸一口气：“我入职第一天，把咖啡洒在HR的入职协议上……”话音未落，全车爆发出善意的笑声。第二天上班，他的邮箱收到五封好友申请，备注栏写着：“盲行搭档求组队”“烧烤大师求带飞”……

在格子间被KPI统治的职场，团建与聚餐是唯一允许将工牌暂时摘下的时空结界，所以暖场者要明白：团建与聚餐是职场生态中不可替代的“关系熔炉”。在团建中，员工脱离固定工位的物理束缚，通过肢体协作建立非语言信任——比如“信任背摔”中接住同事的刹那，会自然产生“战友”般的心理联结。聚餐则提供了非正式对话场景，神经科学研究发现，当人们围坐餐桌时，血清素分泌量增加37%，这种“快乐激素”能显著降低社交防御心理。

心理学小展板 **情境同一性理论**

情境同一性理论揭示：个体在不同的社会情境中会根据自身所扮演的角色和情境的要求来调整自己的行为和自我认同。

根据情境同一性理论，我们可知：当个体脱离日常角色框架（如办公室），其自我认知会进入“可塑状态”。在新型情境中，如户外、密室、餐桌，人们更易接受关系重新定义。共同完成非常规任务会激活大脑奖赏回路，促使多巴胺分泌量与亲密感正相关。这就解释了为什么在火锅蒸腾的热气中，比在会议室更容易说出：“其实我对这个方案有不同想法。”

对于初入职场的新人来说，积极参加团建活动是快速融入集体、实现自我成长的关键一步。别以为团建只是公司组织的一次游玩，它的价值远超想象！

暖场高手这样做

1．户外团建中的破冰游戏：在自然中消除陌生感

户外团建为员工们提供了与大自然亲密接触的机会，而破冰游戏则是在这广阔天地里消除陌生感的有力工具。

像“名字接龙大挑战”，大家围成一圈，第一个人说出自己名字及爱好，后续人员依次重复前者信息并添加自己的，说错或卡顿就得表演节目。这一游戏助力大家快速记住彼此名字，挖掘共同兴趣，开启交流话题。

“自然接力赛”同样精彩，分组后的各小组手持包含自然元素任务的卡片，如寻找特定树叶、模仿鸟鸣、寻觅独特纹理的石头等，成员依次接力完成。游戏过程中，大家紧密协作探索自然，陌生感在互动中悄然消逝，团队协作力也得到提升。

组织这类游戏时，需提前细致考察场地，排查安全隐患。依据参与人数与人员特质合理分组，促进不同部门、性格的员工交流。游戏期间，组织者要积极引导，对积极参与的小组或个人及时给予肯定与奖励，充分调动大家的热情。

2. 室内团建中的创意分组：打破常规，促进交流

室内团建的创意分组方式多样且独特，能有效打破常规交流模式。

“电影角色分组法”很有意思，组织者提前备好经典电影角色名，员工随机抽取，抽到相同角色的组成一组，围绕角色展开创意讨论，如构思以该角色为主角的广告创意或编写故事，趣味十足，激发员工想象力，促使不同背景的员工因共同话题迅速熟络起来。

“技能互补分组”则是组织者依据对员工文案写作、设计、演讲、数据分析等技能的了解，按互补原则分组，安排小组完成综合性项目策划，让员工在合作中发挥优势、相互学习，打破部门与技能隔阂，推动全方位交流。

分组完成后，组织者要清晰明确地为各小组设定活动目标与任务要求。鼓励小组成员先做简单自我介绍，分享对活动的期待。在小组讨论进程中，组织者要巡回观察，适时给予启发与引导，助力小组解决问题，保障活动顺利推进，使成员在交流合作中建立更深厚的情谊。

3. 部门聚餐中的沟通技巧：找对话题不尴尬

部门聚餐时，选对热门话题能有效避免尴尬，营造融洽氛围。

影视娱乐是备受欢迎的话题领域，当下热门影视剧常能引发热烈讨论，如提及“你们看了《狂飙》吗？剧中高启强的人物塑造太绝了”，大家会纷纷分享对剧情、演员表演的看法，不同观点碰撞让聚餐氛围瞬间升温。

开启话题后，积极倾听与回应至关重要。要用眼神交流、点头等方式表达认同，不随意打断他人发言，待对方讲完再发表见解。若话题遇冷，及时引入新角度或关联话题，如在讨论旅行时，可问“那如果有机会去一个陌生城市工作一个月，你们会选择哪里，又会怎么安排生活呢”，持续带动交流，让部门聚餐成为增进同事感情的温馨时光。

无论你是一名职场新人，还是一位暖场者，表 5 的餐桌社交法则，对你来说都非常实用：

表 5　餐桌社交法则

话题金字塔	安全基座	菜品点评，如“这辣度比上周的财报还刺激”
	进阶层	无害糗事，“有次把咖啡泼客户身上，结果签下年度大单”
	行业八卦	需搭配“据说”“可能”等缓冲词
酒桌三阶法则	初酌期（1～3 杯）	聊旅行、宠物等生活话题
	微醺期（4～6 杯）	适度吐槽工作共性痛点
	酣畅期（7 杯＋）	严禁谈论薪资、晋升、办公室恋情
肢体语言密码	礼仪细节，如帮领导添茶时壶口不对人	
	表达尊重，如有人发言时筷子呈“暂停”状交叉摆放	

第四章

社交破冰

——告别尬聊，激活暖场外挂

初次见面暖场要用心

某跨境物流公司的新人赵玥，迎来了首次独立接待法国客户皮埃尔的挑战。在会面的三天前，赵玥便开启了精心筹备。她借助领英平台深入了解皮埃尔，发现其毕业于波尔多商学院，曾担任帆船社社长，且近期动态频繁点赞勃艮第红酒相关内容。掌握这些关键信息后，赵玥开始提前布局会面细节。

会面当天，赵玥将会议室投影背景设置为波尔多港实景图，轻柔播放《午夜巴黎》的钢琴曲片段。在手冲咖啡时，赵玥巧妙“失误”，笑着说道：“这包云南咖啡豆总让我想起勃艮第的黑皮诺——明明很努力，却总达不到法式优雅。”这一独特表述瞬间引起皮埃尔的兴趣，他惊讶道：“你知道黑皮诺的酸度曲线？”在交流中，当皮埃尔提及“物流时效”，赵玥运用帆船术语回应：“就像帆船比赛，不能只追求速度，还要看洋流预测。”并顺势展示结合海运气象数据的物流方案。

午餐时，赵玥选择在法式小馆招待皮埃尔，还提前练习用面包蘸橄榄油，向皮埃尔询问：“南法吃法对吗？”主厨见状也惊喜现身，称赞道：“您比本地人还懂如何对待罗勒酱。”

三天后，皮埃尔在邮件中感慨：“在您身上我看到了法国人最珍视的品质——对生活的认真。”原本 30 万美元的试单，也因赵玥用心的暖场互动，成功追加至500万美元。

初次见面暖场的最高境界，是让精心设计显得漫不经心。所以暖场并非单纯的技巧展示，而是凭借用心实现的能量共振，能在商业交流中创造意想不到的价值。

在社交心理学中，初次见面的前7分钟决定后续关系的83%发展轨迹。优质暖场的深层价值在于认知锚定，就是通过共同话题建立“相似性标签”，使对方大脑自动归类为“同类项”。然后是安全感构建，恰当的自我暴露（如展示准备疏漏）降低对方心理防御。其次是记忆点植入，多感官刺激（视觉场景＋味觉体验）形成记忆闪存点。最后是关系赋权，让被接待者感受到“被重视”，触发互惠本能。

心理学小展板 **相似吸引效应**

相似吸引效应指出：人们倾向于被与自己相似的人吸引，这种相似性包括态度、价值观、兴趣、背景甚至行为模式。例如，音乐品味相似的朋友更容易建立亲密关系，政治观点一致的伴侣婚姻满意度更高，教育背景相近的同事合作更顺畅。

相似吸引效应在初遇场景中效果最为显著，另外，实验证明，模仿对方语速可提升41%的说服力。这就解释了为何赵玥的帆船话术能瞬间让对方“破防”——她在陌生领域制造了熟悉的认知回响。

在商业世界，很多商务合作终结于糟糕的初遇。可见，在纷繁复杂的社交场景中，掌握初次见面暖场技巧至关重要。

暖场高手这样做

1. 提前了解对方，寻找共同话题

暖场者在与他人初次见面之前，若有条件，务必尽可能全面地了解对方的相关信息。可以借助共同朋友的介绍、社交媒体平台的动态、工作领域的资料等多种渠道，获取对方的兴趣爱好、工作经历、近期动态等关键信息（表6）。

表6　信息挖掘三阶模型

基础情报	职业轨迹	可从领英动态、行业论坛发言了解
	教育背景	母校特色、社团经历等
兴趣图谱	社交媒体点赞	运动、音乐、美食偏好等
	阅读书单	亚马逊心愿单、豆瓣账号等
即时情报	提前1小时核查对方航班是否延误	
	通过助理了解当日身体状况，如为颈椎不适者备靠垫等	

2. 认真倾听巧回应，话虽不多场不凉

在交流过程中，认真倾听对方讲话是维持良好沟通氛围的核心要素。暖场者要专注地凝视对方的眼睛，适时点头示意认同，点头频率保

持 0.5 次 / 秒，过快显焦虑，过慢显冷漠，之后可用简洁的语言如“嗯”“没错”“确实如此”等给予回应，让对方明确感受到我们在全神贯注地聆听。

当对方阐述完毕，暖场者不要急于表达自己的观点，可以先沉默 3 秒后回应，以展示思考深度，然后从对方的话语中提炼关键信息进行回应。例如，对方分享旅行见闻，提及在某个古镇感受到了浓厚的历史氛围，我们可以回应：“听起来太令人向往了，那您在古镇漫步时，有没有遇到一些特别能体现当地历史文化的人和事呢？能详细给我讲讲吗？”

通过这样巧妙的回应方式，既向对方表明我们在认真倾听，又能引导对方进一步深入分享，即便话语数量不多，也能使交流氛围持续升温，让对方感受到我们对其话题的浓厚兴趣和尊重，从而促进交流更加顺畅和深入地进行。

3. 共同进餐时，通过食物找话题

共同进餐为暖场提供了得天独厚的契机，而食物可以成为开启丰富话题的绝佳切入点。暖场者不妨从以下几个方面入手寻找话题：

- 产地溯源，如“这火腿来自伊比利亚，据说制作火腿的猪是吃橡果和听着弗拉明戈长大的”。
- 菜品工艺，如“这道糖醋排骨吃起来像先煮熟了，再过油炸的做法”。
- 触发怀旧，如“这道软炸里脊让我想起大学时，为抢最后一块能和室友‘决斗’”。

- 制造悬念，如“尝得出里面特别加了什么吗？提示：和您的家乡有关”。
- 将食材与行业结合，如“松露就像稀缺数据，要借助‘嗅觉’才能挖掘”。
- 用烹饪比喻合作，如“我们的配合应该像寿司——米饭的温度永远配合鱼生”。

4. 藏在用餐礼仪中的暖场契机

用餐礼仪不仅是个人素养的直观体现，更是暖场的得力助手。例如，暖场者主动微笑着为对方递上餐具，轻声说“您请用”，这一小小的举动便能展现出我们的礼貌与贴心。

在使用餐具时，若发现对方对当地的用餐方式不太熟悉，切勿直接指出，而是用温和友善的语气分享自己的经验，“这种餐具的使用有个小窍门，我给您示范一下吧”。当大家举杯时，说出一些简洁而真挚的祝酒词，如“非常高兴今天能与您一同用餐，期待未来有更多交流的机会”。这些看似微不足道的细节，都能在不经意间悄然拉近与对方的距离，为交流增添温馨融洽的氛围，让整个用餐过程充满愉悦与和谐，助力初次见面的交流更加顺利和美好。

「朋友同学聚会，暖场达人显身手」

2023 年春节，一场重点中学毕业十年的聚会筹备期间，发起人李然遭遇难题，报名群冷冷清清，毫无热度。聚会当天，到场的 18 人里竟有 9 人自顾自低头刷手机，彼此间的寒暄也仅停留在“最近忙啥”“孩子几岁”这般客套层面，气氛沉闷压抑。

关键时刻，校友会主席王浩果断行动，悄然开启精心准备的暖场方案。

王浩先是引爆话题，猛地举起手机说道：“刚刷到咱们班学霸张琳的元宇宙新项目，据说能复刻老教室！”此话瞬间吸引众人目光，张琳红着脸解释项目背后运用了高二运动会的数据。借此，王浩顺势将话题引向“如果重建青春元宇宙，你最想保存哪个瞬间”，大家纷纷打开话匣子。紧接着，王浩掏出定制版“同学杀”卡牌，把老师口头禅设为技能，如班主任的“这道题必考”可封印对手两回合，数学课代表被动技是“你的计算失误率降低 50%”，趣味十足的桌游让现场气氛愈发活跃。最后，王浩亮出大招，展示珍藏的“班级黑历史档案”，有班长竞选时摔下讲台的视频，还有学霸写给校花的藏头诗作业本，甚至爆料：“知道为什么当年男厕总漏水吗？因为有人在管道里塞了情书！”瞬间将气氛推向高潮。

三小时转瞬即逝，当服务员提醒他们餐厅要打烊时，大家正沉浸在回忆与交流中，用口红在餐巾纸上写“十年后的自己”，约定存入张琳的元宇宙。这场聚会就此从最初的“礼貌性社交”华丽转身为“青春重启仪式”，班级群当晚新增327条互动消息，王浩的暖场方案大获成功，让同学们重新找回曾经的青春与热情。

从心理学角度看，同学聚会本质是群体记忆的再编辑工程，通过共同话题弥合现实差距。另外，研究发现，集体回忆青春往事可提升催产素水平，其作用与拥抱类似。同学聚会时有人暖暖场，能打破久别重逢后的陌生感，让大家迅速找回曾经的亲密无间，促使同学们放下生活和工作的压力，尽情享受相聚时光。

心理学小展板 社会认同理论

社会认同理论指出：个体往往通过所属群体来定义自我，寻求归属感和认同感。在同学聚会中，暖场活动能让大家快速融入集体，产生“我们是同学，是一个紧密群体”的认同感。当大家一起讨论热点话题、玩桌游或分享奇闻轶事时，彼此的观点、行为得到群体内成员的认可和回应，会增强个体对群体的归属感。

所以，在同学聚会中，掌握暖场技巧十分必要。若开场冷场，大家可能因尴尬而交流受限，无法充分享受聚会乐趣，甚至可能让部分同学提前离场。而懂得暖场，能迅速活跃气氛，让每个人都参与其中，让聚会成为真正增进同学情谊的平台。

暖场高手这样做

1. 关注热点话题，引发大家讨论

暖场高手会时刻紧跟时代潮流，对当下热门影视剧、网络流行梗、社会热点事件等了如指掌。在聚会开场，他们便能巧妙抛出热点话题，激发同学们的讨论热情。例如，一部热门悬疑剧播出后，暖场高手可以提问："最近那部（剧名）大家看了吗？剧情太烧脑了，反转一个接一个，你们觉得凶手到底是谁？"这一话题会引发同学们的热烈讨论，有人分析剧情细节，有人猜测人物动机，不同观点相互碰撞，气氛瞬间热烈起来。

2. 准备经典桌游，调动热烈气氛

经典桌游是聚会暖场的绝佳利器。暖场高手深知这一点，会提前准备像"狼人杀""三国杀""UNO"等热门桌游。

3. 奇闻轶事瞬间吸引众人目光

暖场高手拥有丰富的奇闻轶事储备，这些故事是吸引同学们注意力的法宝。聚会间隙，他们绘声绘色地讲述自己的亲身经历或听闻的趣事。例如，讲述在国外旅行时，遇到一场奇特的当地节日庆典，人们身着奇装异服，举行神秘的仪式，背后的文化内涵令人称奇。

这些奇闻轶事不仅能打破聚会中的冷场，还能激发同学们分享自己的经历，让聚会交流更加丰富多元，让同学之间的情谊在一个个故事中悄然升温，使聚会充满难忘的回忆。

家庭聚会，让亲戚们笑到停不下来

去年除夕，表姐林薇家的年夜饭本应充满温馨，却陷入了僵局。“00后”的侄子窝在角落，一门心思打游戏，对周围的热闹充耳不闻；姑妈们则围绕适龄未婚的晚辈，反复催婚，言语中满是焦急；大伯和三叔更是因养生理念不合，你一言我一语地争执不下，现场氛围紧张又尴尬。

林薇见此情景，默默找出几件尘封已久的老物件。她先将爷爷用过的搪瓷缸洗净，缓缓倒满黄酒，回到餐桌前说道：“当年爷爷用它装散装啤酒，还骗奶奶说这是凉茶。”众人的目光瞬间被吸引过来，看着杯身“先进工作者”那已然褪红的字迹，纷纷传着看。这时，表弟突然大喊：“这豁口是不是我小时候啃的？”这一疑问，瞬间打破了原本沉闷的氛围，让大家的思绪回到过去。

紧接着，林薇又翻出一本泛黄的相册。她轻轻翻开，指着一张小叔穿开裆裤的照片，笑着说道：“这张照片背面还写着‘尿床五次纪念’。”此话一出，全家哄堂大笑。在这欢乐氛围的感染下，小叔也打开了话匣子，自曝糗事：“那天我被鹅追着啄，吓得尿湿了三条裤子！”一时间，笑声此起彼伏，大家沉浸在对往昔趣事的回忆之中。

在笑声稍歇时，林薇趁热打铁，“怂恿”八旬外婆讲述知青岁月：

“您当年单手擒野猪的故事，比武侠片还精彩！”外婆眯起眼睛，陷入回忆：“哪是野猪，是偷啃庄稼的羊，我揪着它的角拖回生产队……”一旁的表侄女也被深深吸引，悄悄关掉游戏，拿出手机开始录音。

原本计划两小时的聚餐，就这样在欢声笑语中延长至深夜。

一场温馨的家庭聚会能驱散家庭成员之间因长时间未见或生活节奏不同产生的陌生感，营造出温馨、欢乐的氛围，能让长辈们感受到晚辈的关心与尊重，年轻一代也能从长辈的经历分享中汲取智慧和力量。在良好的家庭聚会氛围中，家庭成员共同回忆往昔，分享当下，畅想未来，增进彼此了解，拉近心与心的距离。这种温暖的家庭氛围不仅能为每个人带来心灵慰藉，还能增强家庭凝聚力，让家庭关系在欢声笑语中愈发稳固，为未来的日子留下美好回忆。

心理学小展板 **群体动力学理论**

群体动力学理论由德国心理学家库尔特·勒温提出，旨在研究群体行为产生、发展和变化的规律，以及群体与个体之间的相互作用。家族聚会可以看作一个群体情境，群体的规范、角色、凝聚力等因素会影响成员的沟通和互动。

在当下社会，很多年轻人坦言“不知如何与长辈聊天”，而优质的家庭聚会可使代际冲突减少。每年至少 3 次深度家庭互动者，参与者焦虑指数会大大降低。

所以，在家庭聚会中，懂得暖场很重要，它能迅速活跃氛围，让每个家庭成员都融入其中，挖掘家庭故事，传承家族文化。对于家庭中的年轻一代，暖场是了解长辈、学习家族历史的契机；对于长辈而言，暖场能让他们感受到晚辈的重视，享受天伦之乐。同时，成功的暖场能让家庭聚会成为传承亲情、凝聚家庭力量的平台，让家庭在岁月流转中始终保持紧密联系，充满温情与活力。

暖场高手这样做

1. 用老物件“炸”出泪点与笑点

家庭中那些尘封已久的老物件，往往承载着丰富的回忆。暖场者可以提前收集一些有代表性的老物件，如旧相册、老信件、祖辈传下来的手工艺品等。在聚会时，暖场者郑重地拿出这些老物件，与家人们一同分享。

打开旧相册，每一张照片都是时光的切片，可能是祖辈年轻时的青涩模样，或是父母当年的结婚照，又或是暖场者自己小时候的搞怪瞬间。指着照片，讲述背后的故事，比如照片拍摄的地点、当时发生的趣事，那些被岁月尘封的记忆瞬间被唤醒。看到长辈年轻时的风采，晚辈们会惊叹不已，而看到自己小时候的糗事，大家又会忍俊不禁。

老信件则可能记录着家庭成员之间的牵挂与思念，读出来能引发情感共鸣，让人眼眶湿润。祖辈传下来的手工艺品，如奶奶亲手编织的毛衣、爷爷制作的木雕，背后或许有着独特的制作工艺和感人故事，分享这些能让家族文化得以传承，在泪点与笑点的交织中，让家庭聚会氛围迅速升温，加深家庭成员之间的情感联结。

2. 主动聊起小时候的往事

小时候的经历是家庭聚会中永远不会过时的话题。暖场者可以率先开启回忆之门，主动分享自己小时候的趣事，比如某次调皮捣蛋被父母教训，或是与兄弟姐妹一起度过的欢乐时光。例如，讲述自己小时候为了偷吃糖果，偷偷爬上柜子，结果不小心摔下来，糖果撒了一地，还被父母抓个正着的经历，生动的描述会让大家仿佛回到那个充满童趣的场景，引得笑声连连。

在分享过程中，暖场者还可以巧妙地提及其他家庭成员在回忆中的角色，引发大家的共鸣和参与。暖场者邀请兄弟姐妹一起回忆曾经的打闹、合作，让大家在欢声笑语中重新体验童年的纯真。这样的话题能让长辈们回想起孩子成长的点点滴滴，感慨万千，年轻一代也能在交流中更加了解彼此，拉近兄弟姐妹之间的距离，让家庭聚会充满浓浓的亲情味道，让那些美好的童年记忆成为连接家庭成员情感的坚固纽带。

3. 请长辈讲讲年轻时的传奇经历

长辈们的人生阅历丰富，他们年轻时的经历往往充满传奇色彩，是家庭聚会中宝贵的精神财富。暖场者要善于引导长辈分享这些故事。可以选择一个合适的时机，暖场者诚恳地向长辈提问："爷爷/奶奶，您年轻的时候肯定有很多难忘的经历吧，能给我们讲讲吗？"长辈们一般都很乐意分享自己的过往。

爷爷可能会讲述自己年轻时为了撑起家庭，如何在艰苦的环境中努力打拼，经历了无数挫折却从未放弃；奶奶则可能回忆起自己在物资匮乏的年代，如何凭借智慧和勤劳操持家务，让一家人的生活井井有条。他们的故事中，有奋斗、有坚持、有智慧，也有浓浓的亲情。晚辈们认真聆听，不仅能更深入地了解长辈，还能从中汲取力量和智慧。

这些故事能让家庭聚会的氛围变得质朴而温馨，让家族精神在代际之间传承，让长辈感受到自己的价值，满足尊重的精神需求，进一步增强家庭的凝聚力和向心力。

「相亲不冷场，得体又礼貌」

程序员陈默首次相亲，与艺术策展人苏黎相约见面。两人刚在咖啡馆坐下，苏黎便低头刷手机，现场弥漫着尴尬的氛围。陈默见状，内心有些紧张，但他迅速观察四周，瞥见苏黎包上别着敦煌藻井胸针，又想起她朋友圈发过集邮动态，灵机一动，决定主动出击打破僵局。

陈默清了清嗓子，开口说道："听说您收集邮票？我这儿有个错版'飞天'邮票，背面印着程序员代码。"说着，他拿出提前准备好的3D打印品。苏黎眼睛一下子亮了起来，兴奋地回应："这'错'得很有后现代风格！"陈默接着自嘲道："朋友说我像博物馆藏品——需要解说牌才能沟通。"随即，他拿起桌上的折纸菜单，熟练地折出一个莫比乌斯环，笑着说："看，这就是程序员的浪漫。"这一番轻松幽默又独特的开场，成功吸引了苏黎的注意力，气氛逐渐缓和。

在接下来的交流中，陈默巧妙把握分享节奏。他提及周末徒步时发现野长城砖刻，形容那感觉"像在石头里读千年朋友圈"，自然而然地展现出理工男的文艺面。当苏黎吐槽布展艰辛时，陈默认真倾听，复述关键点："所以您上周拆了三次灯光装置，就像我调试程序漏洞？"苏黎满脸惊讶，称赞道："你比美术馆实习生还会抓重点！"临近结账，陈默还安排了互动彩蛋，提议："不如用付款码玩个游戏？扫出单数你决定下次见面形式，双数我来定。”扫码结果是1523，苏黎笑着说：“看来敦煌主题咖啡馆在等你。”

这场原本计划1小时的会面，在陈默的努力下，持续了整整3小时。临别时，苏黎主动添加陈默的微信，还笑着评价：“你比代码有趣。”

在相亲场景中，得体的暖场是优雅的平衡术，通过信息对冲，可以用准备的话题清单对冲“查户口”式的尴尬；可以角色解绑，通过幽默自嘲卸下“待价而沽”的压迫感；可以记忆点植入，用非常规互动（如折纸菜单）创造独特识别码；还可以进退留白，用适时沉默给予对方情绪缓存空间。这种克制的热情，如同茶道中的“七分满”——既有温度，又留余地。

心理学小展板 **社会渗透理论**

社会渗透理论由心理学家欧文·阿特曼和达尔马斯·泰勒提出，这一理论认为人际关系的发展是一个逐渐深入的过程，就像洋葱一样，从外层逐渐渗透到核心层。人们通过相互自我表露，逐渐了解对方的各个层面，从而使关系不断加深。

有研究表明，绝大部分相亲失败源于前15分钟的冷场，而优质暖场可使二次见面率提升，所以在相亲场景中，掌握暖场技巧至关重要。若不懂暖场，可能导致场面尴尬冷场，双方交流受阻，无法充分展示自身优点，错失了解彼此的机会。而熟练运用暖场技巧，能让自己在相亲中自信从容，迅速与对方建立良好沟通，展现出真诚、友善的态度。

暖场高手这样做

1. 通过对方信息，准备话题清单

在相亲之前，尽可能收集对方的信息，如职业、兴趣爱好、生活经历等。如果知道对方是一名程序员，可以准备一些关于科技发展、热门软件应用或者程序员工作日常的话题，像“现在人工智能发展迅猛，你觉得这对程序员的工作会带来哪些改变呢”。

若了解到对方热爱运动，就可以准备诸如“你平时喜欢哪种运动，是跑步、健身还是球类运动呢？有没有参加过什么特别的运动赛事？”这样的话题。通过提前准备这些与对方相关的话题，能让交流顺利展开，避免冷场，还能让对方感受到你对这次相亲的重视与用心，为良好沟通奠定基础。

2. 轻轻松松开场，不刻板不炫耀

相亲开场是关键，要给对方留下好印象。暖场者避免使用过于刻板的问候语，如“你好，今天过得怎么样”，可以尝试更具创意和亲和力的开场。例如，在见面时，观察周围环境，若在咖啡馆，可说：“这家咖啡馆的装修很有特色，感觉特别温馨，你是怎么找到这家店的呢？”

开场时要注意语气语调，保持微笑，眼神真诚，不要急于炫耀自己的

成就或财富，以免给对方留下不好的印象。轻松自然的开场能迅速缓解双方的紧张情绪，让交流在愉悦的氛围中开启。

3. 恰当地分享自己

在相亲交流中，暖场者恰当地分享自己的经历、想法和感受，能增进对方对自己的了解，同时也能引导对方进行自我表露。暖场者分享时要把握好度，既不能过于沉默，让对方觉得你难以亲近，也不能滔滔不绝，变成过度的自我展示。例如，可以先从一些轻松的日常经历说起，像“我最近尝试学做一道新菜，虽然过程有点曲折，但最后做出来的味道还不错，你平时喜欢做饭吗”。

4. 多提问、多倾听，积极回应不冷场

在相亲的沟通过程中，多提问能引导对方表达，展示你对对方的关注。

提问要具体且有针对性，避免出现宽泛的问题。例如，对方提到喜欢阅读，不要只问“你喜欢看什么书”，可以问“你最近读的印象最深刻的一本书是什么，它最吸引你的地方在哪里”。

在对方回答时，要认真倾听，用眼神交流、点头等方式给予回应，让对方感受到你在专注聆听。当对方讲完后，你可以积极回应，分享自己对其观点的看法。

5. 适时进行互动讨论

当双方交流到一定阶段，找到共同感兴趣的话题时，适时进行互动讨论能进一步深化交流。

在讨论中，要尊重对方的观点，不要强行争辩，即使有不同意见，也可以委婉地表达，互动讨论能让双方思维碰撞，增进彼此的了解，发现更多的共同点，让相亲氛围更加热烈，为双方关系的发展注入活力。

社恐暖场不必没话找话

程序员周舟在公司里一直有着“会议幽灵”的称号，每次开会他总是在会议室的角落敲着代码，鲜少与人交流。2023年公司年会，在抽签表演环节，他十分“不幸”地与营销部女神夏青成为搭档。这突如其来的安排让周舟恐慌不已，在恐慌发作时，他匆忙躲进洗手间，颤抖着在手机上搜索“如何五分钟内学会社交”，就在这时，他意外点开了一份社恐暖场指南，这仿佛是黑暗中的一丝曙光。

周舟按照指南里的方法，迅速行动起来。他冲去甜品台，抓起纸杯蛋糕，用糖霜写下“BUG”和“DEBUG”字样，将其作为与夏青交流的道具盾牌。接着，他巧妙地将代码术语转化为烘焙比喻，对夏青说道：“咱俩就像这糖霜和蛋糕胚，你是前端颜值担当，我是底层逻辑支撑。”在成功吸引了夏青的注意后，他采用渐进暴露的方式，先请夏青品尝DEBUG蛋糕，看到夏青笑出声后，才递出自己那份，并略带羞涩地说：“现在可以申请联调（联合调试）吗？”此外，他们还约定了安全信号，即若感到不适就摸耳垂，夏青发现周舟的紧张后，也主动调整节奏，温柔地说：“要不你教我用代码画蛋糕？”

到了表演的时候，周舟用投影键盘敲出《生日快乐》的代码，夏青则同步用奶油裱花呈现出相应的音符。随着表演的进行，现场气氛愈发热烈。当蛋糕被分食殆尽时，产品经理不禁惊呼："这糖霜 BUG 是我今年见过最可爱的错误！"

这场意外的演出让周舟瞬间登上了公司热搜，成为众人关注的焦点。令人意想不到的是，三个月后，曾经那个沉默寡言、害怕社交的周舟，竟被推选为技术分享会的主持人。这一转变不仅让同事们刮目相看，也让周舟自己看到了突破自我的可能性，开启了他全新的社交与职场生活。

对于社交恐惧症患者而言，暖场技巧不是简单的话术训练，而是构建社交安全网的系统工程。掌握暖场技巧能帮助社恐者建立心理缓冲带，通过准备道具和预设话题减少即兴反应的压力。

心理学小展板 阶梯式暴露疗法

阶梯式暴露疗法在应对社交焦虑领域效果显著，其核心原理与大脑神经机制紧密相连。大脑中的杏仁核，是恐惧与焦虑反应的关键区域，对于社恐人群而言，杏仁核在社交情境下会过度活跃。

阶梯式暴露疗法正是针对这一神经反应特点，通过精心设计的可控社交挑战，逐步改变杏仁核的敏感程度。

研究表明，当社恐者每周进行 3 次这类微社交实践活动，持续 8 周后，大脑中的杏仁核敏感度会显著降低，焦虑值平均可降低47%。这种疗法如同为社恐者铺设了社交能力逐级上升的台阶，使其能在安全、渐进的过程中，逐渐克服社交恐惧，重塑大脑对社交的反应模式，提升社交自信，融入正常社交生活。

掌握暖场技巧，社恐者能在社交场合中更加从容自信，主动展示自身优势，让他人了解自己的闪光点。这不仅有助于社恐者克服心理障碍，还能让他们在社交中收获快乐与成长，更好地适应社会生活，实现自身价值。

暖场高手这样做

1. 借助小道具开启交流之门

暖场道具选择有着一套精妙的原则，必须与对方特征紧密相连。当你面对一位痴迷集邮的朋友，拿出一枚精心准备的错版邮票，那独特的图案与稀缺性，瞬间就能像磁石一般吸引对方的目光，让对方眼中闪烁出兴奋的光芒。

理想的道具还应具备丰富的多维度解读空间。以莫比乌斯环为例，它那奇妙的结构，既可以成为探讨数学拓扑奥秘的起点，又能作为艺术创作灵感的源泉，还能引发对哲学中循环与无限概念的深刻思考，宛如一个小小的知识宝藏。

同时，暖场道具要易于携带和展示。道具体积小巧却拥有强大的视觉冲击力，能在关键时刻从口袋或包包里轻松取出，瞬间抓住他人的注意力。

并且，道具最好带有互动接口，像那些可拆解、能传递的小物件，能巧妙地促使双方互动起来，打破社恐者内心的交流障碍。

2. 提前准备三个万能话题

暖场高手通常善于设计一套话题，这些话题遵循着一套巧妙的公式，一切从细致观察对方的个人特质出发，涵盖职业相关、兴趣爱好以及所处环境线索等多个方面。

万能话题的示例丰富多样，充满趣味。时空错位类的问题，如“如果能给五年前的自己发一条信息，您会说些什么呢？”瞬间将对方的思维拉回到过去，引发对人生经历的深刻反思与分享；平行宇宙类的提问，像“要是不做现在这份工作，您最想尝试从事什么职业呢？”激发对方对不同人生可能性的想象与憧憬；微观放大类的话题，比如“您觉得手机里哪个APP最能代表您当下的生活状态呢？”则从细微处入手，挖掘对方生活中的独特之处。

3. 活用暖场三件套，不开口也能控场

暖场话术三件套的组合策略非常实用，它们分别是：

第一，自嘲破冰。例如，社恐者可以略带幽默地说：“我这种社恐人士啊，每次参加聚会，都感觉自己误入了《鱿鱼游戏》，紧张得不行。”这样一句诙谐的话语，瞬间就能化解自身的紧张情绪，同时也能引发周围人的共鸣与笑声，营造轻松氛围。

第二，道具过渡。当你展示一个解压魔方并轻轻旋转时，顺势引出：

“听说您最近在做压力管理项目？我觉得玩这个魔方好像对缓解压力有点帮助，您怎么看？”这种道具可以自然地将话题引向对方感兴趣的领域。

第三，提问引导。社恐者可以抛出一个富有前瞻性的问题，如“您觉得未来三年，咱们这个行业会发生哪些颠覆性的变化呢？”激发大家的思考与讨论，推动交流持续深入。

从能量控制模型来看，合理运用这三件套，就像为社交能量的储蓄罐持续注入能量，能维持良好的交流状态，实现可持续的深度交流。

4. 做个话题传话筒也不错

话题传递也是社交恐惧者一个非常好用的暖场技巧。话题传递有着诸多实用方法：当对方提到“沉浸式体验”时，社恐者迅速抓住关键词，礼貌地询问：“您刚才提到的‘沉浸式体验’，具体是指什么呢？我特别感兴趣。”这样的复述关键词提问，能让对方感受到你的专注与重视。

关联新角度也是个好方法，如对方谈及某个话题时，你可以接上：“这让我突然想到最近看的一个科技趋势，和您说的好像有点关联，就是关于虚拟现实技术在生活中的应用……”引入新角度，为交流注入新的活力。

第五章

向上沟通

——巧妙暖场拓展优质人脉

引荐他人促进合作

老张是王先生多年的朋友，他经营着一家300多平米的餐馆，在本地餐饮圈摸爬滚打多年，但是最近半年的生意非常萧条，老张一筹莫展，找到王先生跟他吐槽。王先生突然想到自己以前的同事小宋，在原来的公司离职后，小宋一直在帮助传统企业做新媒体运营。“老张的餐馆何不找他来想想办法呢，这样也能给小王带来新业务。”老张听后也非常高兴，立刻让王先生帮忙引荐小宋。

周末，王先生直接把小宋约到老张的餐厅。大家刚见面，气氛有点拘谨，王先生赶紧打趣：“嘿！今天这是美食大侠碰上营销奇才，一场商业‘华山论剑’要开场啦！”两人一听，紧绷的神经瞬间放松，笑声打破了僵局。

大家落座之后，王先生开始切入正题：“老张，你这餐厅饭菜一绝，可酒香也怕巷子深。小宋脑子里全是创意点子，帮不少公司提升了知名度。你们俩合作，保准能火！”

老张听后，大倒苦水，说现在餐饮竞争太激烈，尽管自家菜品出色，可近半年难以抵挡住那些“网红店”的竞争，生意大不如从前。小宋笑着回应：“看来是缺我这个‘宣传员’！”随后，小宋全面分析了餐馆的优势和劣势，提出利用短视频和线下活动“双管齐下”的宣传策略。两人越聊越合拍，对合作细节逐一展开讨论。没过多久，双方顺利敲定合作意向，相约后续推进合作。

在社交活动场景中，引荐他人促进合作的暖场方式意义非凡，若有第三方引荐，则能实现双方信任的指数级传递。

优质的引荐如同社交场域的“信用背书”，既能规避唐突接触的尴尬，又能通过共同联结者降低心理防御机制。

有调查数据显示，经可靠中间人引荐的商务合作，成功率比陌生拜访高出 3 倍以上。更重要的是，成功的引荐往往能激活“社交飞轮效应”——被引荐双方会自然将引荐者纳入资源网络的核心节点，形成持续的价值循环。

心理学小展板 **相似性效应**

社会心理学中的相似性效应指出，人们更容易对与自己存在共同点（价值观、经历或目标）的个体产生好感和信任。神经科学研究显示，当发现他人与自己的相似点时，大脑眶额皮层会释放多巴胺，产生类似获得奖励的愉悦感。这种生理机制使得强调共同点成为缩短社交距离的高效策略。

在信息过载的社交环境中，引荐质量直接决定沟通效率。优秀的引荐者需兼具人际敏感度与战略思维：既能精准识别合作契机，又要擅于构建价值共鸣点。但缺乏技巧的引荐可能适得其反，很多失败合作源于引荐者错误判断双方需求匹配度。因此，系统化掌握引荐方法论，已成为现代职业人士的核心竞争力之一。

暖场高手这样做

1. 轻松幽默开场，消除陌生感

在引荐他人时，轻松幽默的开场白是消除陌生感、建立情感联结的关键。研究表明，初次接触的前三分钟是决定后续沟通效果的关键期，这就是所谓的“三分钟黄金法则”。在这180秒内，一个恰当而巧妙的幽默开场，往往能迅速打破僵局，营造轻松愉悦的交流氛围。

在实践中，“观察式幽默”是一种行之有效的技巧。它要求引荐者敏锐捕捉现场环境、对方特征或自身经历中的趣味点，以自然而不具攻击性的方式呈现出来。例如，在引荐一位餐饮企业家与物流供应商时，可以这样开场：“今天真是场特别的相遇，一位掌管着舌尖上的美味，一位掌控着车轮上的时速，这场‘速度与滋味’的碰撞，我可是期待已久啊。”这样的开场白不仅巧妙地将双方的专业特色联系起来，还通过轻松幽默的方式暗示了潜在的合作可能，为后续的深入交流奠定了良好基础。

然而，运用幽默技巧时需要注意分寸和场合：

- 要避免使用低级玩笑或过于随意的调侃，这可能会让对方感到不适或不被尊重。

- 要谨慎使用行业术语或专业梗，除非确定双方都能理解并欣赏。

2. 提前把握对方信息

引荐者在引荐两人相识时，通常是对双方都比较熟悉，对双方的基本信息也比较了解，为了让引荐更加精准有效且不冷场，引荐者可以从以下三个维度提前梳理双方信息：

- 成就维度，梳理对方近三年的重大成果（如获奖、创新项目）。
- 痛点维度，分析公开访谈中提及的发展瓶颈或行业观点。
- 兴趣维度，通过社交平台动态了解业余爱好。

在一场教育研讨会上，组织者要引荐两位教育专家相识。在引荐前，组织者认真研究了两位专家的学术成果、研究方向和近期关注的教育热点问题。在引荐双方首次见面时，组织者说道："王老师，您一直专注于素质教育中实践课程的研究，提出的一系列创新教学方法，为很多学校的教育改革提供了宝贵经验；而李老师，您在教育信息化领域的探索成果显著，开发的在线教育平台让更多学生受益。最近，大家都在关注如何将素质教育与教育信息化更好地结合，我想你们两位在这方面一定有很多共同话题可以探讨。"由于组织者对双方信息了如指掌，这番暖场引荐话术让两位专家立刻找到了交流的切入点，深入探讨起相关问题。

在一场行业峰会上，引荐者要引荐一位资深的市场推广专家和一位年轻有创意的品牌策划人。引荐者提前了解到市场推广专家近期在研究如何提升品牌在下沉市场的影响力，而品牌策划人则擅长打造具有话题性的品牌形象。在引荐时，引荐者说："张总，您对下沉市场的研究见解独到；刘总监，您在品牌形象塑造方面的创意总是让人眼前一亮。当下，如何通过创新的品牌形象打入下沉市场是很多企业关注的焦点，相信您二位能碰撞出精彩的思想火花。"这样引荐开场就能让双方迅速意识到彼此的互补性，积极展开交流，为可能的合作创造了机会。

3. 强调共同点，迅速拉近心理距离

在引荐他人时，强调共同点是迅速拉近心理距离的关键策略。这一过程可以运用"金字塔"模型进行系统化操作如图 2 所示。

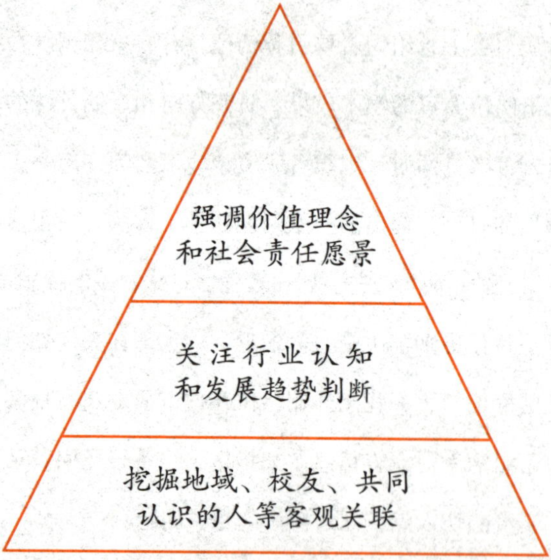

图 2　引荐共同点"金字塔"模型

首先，在基础层，我们可以挖掘地域、校友、共同认识的人等客观关联。这些看似简单的共同点，往往能迅速建立初步的信任感。例如，当发现双方都毕业于同一所大学时，可以自然地引出校园回忆，营造亲切氛围。

其次，在中间层，我们需要关注行业认知和发展趋势判断。这要求引荐者深入了解双方的业务领域，找出他们在行业发展、市场趋势等方面的共同见解。

最后，在顶层，我们要着重强调价值理念和社会责任愿景。这是建立深度联结的核心，能够激发双方的情感共鸣和使命认同。

以某次引荐环保科技公司与公益基金会的成功案例为例，引荐者没有停留在“双方都关注环保”的常规表述上，而是深入研究了双方在《2050可持续发展白皮书》中的具体实施路径设计。通过对比分析，他发现两家机构在“循环经济模式推广”和“社区环保教育”两个领域有高度相似的战略规划。在引荐会谈中，他着重强调了这一点，并展示了双方在具体实施方法上的互补性。这种深层次的共同点挖掘，不仅让双方迅速建立了专业认同，更激发了他们携手合作的强烈意愿。最终，这场会谈促成了当天达成的战略合作框架协议，为后续的深度合作奠定了坚实基础。

撮合相识，这样暖场“社恐”变“社牛”

某三甲医院的副院长计划引入新型康复设备，但苦于缺乏可靠的供应商资源而无法实施。一位医疗行业协会的资深从业者李先生得知医院需求后，主动牵线某国际康复器械品牌的亚太区负责人曹先生。为避免商务谈判的冰冷氛围，李先生将会面地点选在一家融合东西方医学文化的茶疗馆——墙上挂着传统经络图与现代解剖图谱，展柜里并置着古法艾灸器具和精密医疗器械模型。

初次见面时，副院长和曹先生都略显拘谨，李先生并未直奔主题，而是指着茶桌上并列摆放的紫砂壶与虹吸咖啡壶，笑道：“中医讲究‘调和阴阳’，西医注重‘精准干预’，这两套哲学今天倒是在茶桌上先切磋起来了。”李先生这个幽默的暖场比喻瞬间打破僵局。

随后，李先生讲述早年参与国际医疗救援的经历：“在灾区帐篷里，德国的心肺复苏术和中国的针灸止痛并肩作战，那时我才真正明白，医学的终极目标从无国界——就像这壶里的陈年普洱和现磨咖啡，高温淬炼后两者都能提神醒脑。”

故事引发共鸣，副院长也谈起医院康复科转型的困境，曹先生则透露正在寻找临床数据合作方。随着话题深入，双方发现彼此对“社区康复中心下沉”的规划不谋而合。原本计划一小时的会面延长至三小时，最终不仅达成设备采购方案意向，更碰撞出联合成立“康复技术转化实验室”的创意想法。这场始于茶香中的对话，成为后续深度合作的序章。

撮合相识的本质是构建“社交缓冲带”。在陌生人初遇时，暖场者，也就是第三方可通过环境营造、话题引导和情绪调节等手段，将潜在的竞争感转化为协作意愿。优秀的撮合如同精密的社会化学反应催化剂，既能稀释社交恐惧者的不安，又能抑制过度主导者的侵略性，使双方在舒适区边缘逐步建立联结。

据研究显示，经专业撮合的商务会谈中，参与者对潜在风险的预估值平均降低四成以上，这是因为第三方提供的安全感降低了心理防御机制。更重要的是，撮合过程中植入的“共同记忆点”（如特定场景、隐喻或故事），会成为未来合作关系的黏合剂。当双方在后续沟通中产生分歧时，这些初始建立的信任锚点往往能唤醒合作初心，成为化解矛盾的密钥。

心理学小展板 **互惠披露效应**

心理学中有一个互惠披露效应，指人际交往中存在一种隐性的“情感借贷”机制。当一方主动分享具有个人特质的经历或观点时，会在对方心理账户中形成“情感负债”，激发其以相似深度的自我暴露作为“偿还”。

互惠式披露效应遵循社会渗透理论的渐进规律：从表层的职业信息交换，到中层的价值观念探讨，最终触及核心的情感体验。脑神经科学研究发现，当人们聆听他人故事时，大脑镜像神经元系统会被激活，产生“感同身受”的生理反应，这种反应同步性越强，信任建立的速度越快。

在高度分工的社会体系中，撮合和暖场能力已成为资源整合的核心竞争力之一。粗糙的“信息搬运式”介绍往往导致价值错配，或是因需求理解偏差浪费机遇，或是因气场不合陷入僵局。而精细化的撮合与暖场需要三重能力：

- 场景解读者。暖场者能识别不同场合的社交潜规则，如学术圈偏爱隐喻式对话，金融界重视效率性沟通。
- 需求翻译者。暖场者能将甲方“需要更智能的设备”转化为乙方理解的“寻求数据驱动的决策支持系统”。
- 节奏把控者。暖场者懂得何时用故事软化立场，何时用数据巩固信任，在感性与理性间织就平衡网络。

暖场高手这样做

1. 打造舒适感，营造轻松环境

环境设计是无声的社交语言。一个理想的撮合场景应实现“去权力化”与“去商业化”的双重目标。

在空间策略上，选择中性场地，避免任何一方的“主场优势”。曾有位撮合者安排文旅局长与手工艺传承人在古镇裱画坊会面，纸浆的草木香、裱画刷的沙沙声、窗外潺潺流水声，共同构成多感官浸润的交流场域。双方在观摩裱画技艺时，自然地过渡到“非遗技艺活化”的议题，冰冷的政策讨论转化为充满画面感的共创对话。

在物件引导上，可以在茶席放置需要协作拼合的木质茶盘，或在餐桌设置共享调味的创意摆盘。这些“非语言协作”设计能悄然打破身份界限——当两人合力完成茶盘拼接时，心理距离已在指尖触碰间缩短。

在感官协同上，要把背景音乐控制在55分贝以下（接近图书馆环境音），选用雪松香薰提升专注度，灯光色温保持在3000K暖色调。这些细节构成的“环境包裹感”，能让参与者从商务谈判模式切换至思想交流状态。

2. 分享自身故事，不急于进入正题

故事是最高效的共情载体，但需要暖场者精密设计叙事弧线。

- 首先，从外层钩子切入，选择与行业热点相关的故事，例如“最近医疗圈都在讨论智慧康养，这让我想起三年前参与的一个项目……”。
- 其次，在中层转折中植入一个专业认知被颠覆的瞬间，如“原以为智能设备能解决所有问题，直到我看见八旬老人对着触屏手足无措”。
- 最后，在升华内核中提炼出价值观层面的启示，例如“技术终究是工具，人才是疗愈的核心”。

在一次撮合清洁能源企业家与投资人的案例中，撮合者讲述考察光伏电站时，发现村民用太阳能板晾晒辣椒的故事："当时突然明白，高科技落地需要'翻译器'——把兆瓦时发电量转化为'晒辣椒不用看天色'的实在好处。"这个充满烟火气的故事，让技术参数与投资回报率的对话，升华为"科技惠民"的价值共鸣。通过这样的叙事设计，故事不仅成为破冰工具，更成为连接价值观的纽带。

3. 用开放式的话题引导双方

在撮合相识时，可以用开放式话题引导双方。注意，撮合者或暖场者对话题设计需遵循"思维脚手架"原理，通过三级话题阶梯引导对话深入：

- 首先，从锚定现实切入，提出具体现象相关的问题。例如："您团队研发的康复评估模型，在社区应用中遇到哪些意料之外的反馈？"
- 其次，在激发想象阶段引导跨界联想。例如："如果把这个模型比作中医的'望闻问切'，哪些参数相当于脉象诊断？"
- 最后，在预留接口中埋下合作线索。例如，"这套系统对硬件适配性的要求，是否正好需要某类柔性传感技术？"

一次在撮合建筑师与声学家的对话中，暖场者抛出"苏州博物馆的光影游戏"案例："贝聿铭用光线切割空间情绪，声学设计是否也存在类似的'情感语法'？"这个充满诗意的提问，让两位专家从材料性能讨论跃升至空间美学共创，最终衍生出"声光互动艺术展"的联合方案。通过这三级话题阶梯，参与者既感受到被深度理解的尊重，又获得思维拓展的愉悦感，社交恐惧自然消解于充满创造力的对话流中。这种“引导而不主导”的暖场艺术，正是将“社恐”催化为“社牛”的秘钥所在。

组局时不忽视每位客人

深秋的江南古镇，一场以“非遗活化”为主题的跨界晚宴在百年老宅中悄然展开。艺术基金会策展人张女士邀请了12位来自不同领域的嘉宾：书法家的长衫上还沾着墨痕，钢琴家的指尖留着琴键的触感，公益基金会秘书长携带着项目计划书，文旅企业高管的西装口袋里塞着一叠景区设计图纸……这些看似毫无交集的灵魂，即将在一场精心设计的聚会中碰撞出火花。

筹备阶段，策展团队如同考古学家般细致挖掘设计每位宾客的“精神图腾”。给书法家的邀请函上，工匠用洒金宣纸拓印了《兰亭序》的“之”字演变，背面附着一支竹制笔杆的狼毫小楷；寄给钢琴家的函件则别出心裁地将古琴减字谱与五线谱并置，丝质函套上的暗纹是流动的音符与水墨山水的交融；更巧妙的是提前两周发起的“童年手工艺记忆”征集——当文旅高管打开装着草编蝈蝈笼的锦盒时，四十年前蹲在祖母膝旁学编蟋蟀笼的夏日记忆突然复苏，眼眶竟有些湿润。

晚宴现场，12盏手扎灯笼悬浮于雕花梁下，暖黄光影中陈列着嘉宾们寄来的童年信物：褪色的布老虎与绊丝香囊躺在青瓷盘中，竹丝编制的蜻蜓停驻在琉璃盏边缘。策展人摒弃了程式化的开场致辞，转而将蘸满松烟墨的毛笔递给众人：“请在灯笼上写下最想守护的非遗技艺。”当公益基金会秘书长在灯笼纸面落下“傣族慢轮制陶”时，一直沉默的文旅企业代表突然倾身：“我们在西双版纳规划的陶艺研学基地，正需要非遗传承人驻场指导。”这句话如同投入静水的石子，激起了现场氛围层层涟漪。

餐后的“非遗盲盒”游戏将气氛推向高潮。蒙着眼睛的钢琴家指尖抚过冰凉的绯丝，误以为是某种新型琴弦材质：“这种金属丝的韧性完全可以替代尼龙弦！”非遗研究所所长闻言大笑：“这可是蚕丝为经、孔雀羽为纬的‘织中圣品’，改日带您去苏州工坊亲手试试‘通经断纬’的织法。”这场美丽的误会，竟意外催生了“传统织造技艺与现代乐器改良”的跨界研究课题。

在各类社交组局中，组局者或暖场者不应忽视每位客人，如此才能让所有参与者都感受到被尊重和受重视，从而更积极地融入活动，增强归属感。当客人感受到主人的用心时，会对主人产生好感与信任，这有助于建立良好的人际关系。这种暖场方式能营造和谐、友好的活动氛围，促进客人之间的交流与互动，让不同背景的人相互学习、分享经验。在拓展人脉方面，参与者会因为在活动中的良好体验，更愿意与他人保持联系，为未来的合作与发展创造机会。对于活动本身，精心的暖场能提升活动品质，使其更具吸引力和影响力，成为大家乐于参与和回味的社交场合。

心理学小展板 **透明度错觉**

社会心理学中的“透明度错觉”揭示了人际交往中的认知偏差：人们总认为自己的紧张、尴尬或期待会像投影仪般清晰投射在外界幕布上。事实上，群体环境中仅有12%的微表情会被他人捕捉，更多时候，我们都在各自的内心剧场上演独角戏。这种认知偏差常导致“双盲困境”——双方都误判对方的态度，进而产生戒备性沉默。

在当下社交场景中，很多人对“名片交换式社交”产生了倦怠感，却对“能激发创造性对话”的聚会保持高度期待。精细化组局能力正在进化为人脉管理的核心技能——它要求组局者兼具人类学家的观察力、导演的场景调度能力和心理学家的共情力。

这种能力创造的不仅是当下的合作契机，更是持续发酵的关系网络。当那位通过草编蝈蝈笼找回童年记忆的文旅高管，三个月后主动将非遗传承人引荐给海外策展团队时，当初那场晚宴播下的种子已在时空中生长出意想不到的枝桠。

暖场高手这样做

1. 个性化欢迎每一位客人

真正的个性化不是机械复刻宾客的公开资料，而是捕捉那些连本人都不曾觉察的“精神密码”。

在一次金融圈闭门会中，组局者注意到某私募经理的领带夹造型特殊——放大观察发现是微型《溪山行旅图》浮雕，于是在其座位摆放的镇纸，特意选用同样题材的歙砚雕件。这种“隐秘的呼应”如同暗夜中的萤火，瞬间点亮了宾客眼中的惊喜。

2. 了解每个人的喜好，照顾大家情绪

为了照顾参与者的情绪，组局者还要了解每个人的喜好，而这其中的关键就在于发现“表里之间的褶皱”。

在一次医疗行业聚会中，组局者发现某外科主任总在茶歇时凝视墙上的《清明上河图》复制品，深入调研才知道这位主任年轻时曾师从国画大家，后因家道中落改习医科。第二日送别时，组局者“不经意”地递上某美术馆年度大展的贵宾函，附着的便签写着：“画绢上的留白与手术刀下的精准，都是创造美的艺术。”

3. 可以适当安排互动游戏

互动游戏是组局暖场时常用的方法。顶级互动游戏的设计法则，在于制造“可控的意外”。

在一次地产界与文学界的跨界沙龙中，“故事接龙骰子”引发奇妙反应：六面分别刻着“空间”“气味”“冲突”“光影”“器物”“沉默”的檀木骰子，被投掷后需以落地后面朝上的关键词即兴创作微型小说。开发商抽到“沉默”时，讲述了一个关于烂尾楼里守夜人的故事，其文字中

流露的人文关怀让在场作家大为震动。

互动游戏更精妙的设计在于打破感官界限。在一个当代艺术展开幕式上，组局者设计了“声音肖像”游戏：嘉宾戴着眼罩聆听十分钟环境声后，用陶土塑造心中的声源形象。当一位投资人将地铁报站声塑造成层层嵌套的金属圆环时，艺术家从中看到了装置艺术的雏形，两人当即约定共同开发“都市声景沉浸展”。

这些游戏如同精巧的化学实验，将不同领域的思维元素置于反应釜中，催化出超越预期的社交效果。

「请客做东时热情但不过度」

上海外滩的一处百年洋房露台上，工业设计师周先生主持了一场特殊的“未来生活美学”沙龙。受邀的八位嘉宾包括硅谷 AI 工程师、紫砂壶非遗传承人、智能家居品牌创始人、当代艺术策展人以及三位不同年龄段的科技产品用户。面对这群思维跨度极大的参与者，周先生以“有温度的科技”为主题，设计了层层递进的节制式暖场。

沙龙开场，周先生并未站在聚光灯下致辞，而是将一盏手工吹制的玻璃灯置于长桌中央。灯光亮起的瞬间，玻璃内壁的冰裂纹折射出星芒般的碎光：“这盏灯的灵感来自宋代冰裂纹瓷，但内部嵌入了压力感应模块——当多人围坐时，灯光会根据声音频率变化明暗节奏。”他轻叩桌面，暖黄光晕如呼吸般起伏，工程师立刻发现灯罩接缝处的隐藏电路，紫砂艺人则盯着裂纹的走向若有所思。

“筹备这场沙龙，源于三年前我在宜兴的偶遇。”周先生话锋一转，讲述起在紫砂作坊看到的场景：一位老匠人用竹制工具雕刻壶钮时，收音机里正播放着关于量子计算的新闻。“我问他是否觉得科技与传统冲突，老人举起刻刀说：‘这把刀用了四十年，但昨天刚换了钛合金刀头。’”故事中的矛盾与融合，恰好呼应了沙龙主题，又避免了刻意的价值说教。

进入互动环节，周先生推出“触感盲盒”——蒙眼触摸三件物品：带温度反馈的3D打印茶宠、嵌入传感器的藤编坐垫、用纳米材料模拟宣纸触感的电子屏。艺术策展人将茶宠的棱角形容为“凝固的电子脉冲”，70岁的紫砂传承人摩挲着电子屏惊叹：“这纹路竟比手工捶打的宣纸还细腻！”这些碰撞催生出意料之外的合作：AI工程师与手艺人当即探讨“机器学习辅助设计传统器型”的可能性，智能家居创始人则从老匠人处获得“非标准件柔性生产”的启发。

高明的社交主理人如同顶级侍茶师，懂得何时注水、何时留香。过度热情的暖场就像沸水直冲嫩芽，反而会烫伤茶叶的灵性。当主家克制地退后一步，实则是为宾客腾出思想漫游的旷野空间。

这种分寸感暗合中国画的“计白当黑”哲学——那些未说尽的话、未填满的空间，恰是激发参与者创造力的留白。

根据研究显示，在自由探索式的社交场景中，跨界合作的发生率要远高于强引导模式。暖场者通过实物、故事等“中性介质”搭建桥梁，既避免了“主人中心主义”的压迫感，又能让不同思维在安全距离内自然交融。

心理学小展板 认知资源理论

认知资源理论认为，人类的注意力与情感投入都是有限资源。当主理人过度消耗宾客的认知资源（如冗长的致辞、密集的互动安排），会导致参与者进入“社交节能模式”，其表现为表面附和而内心疏离。相反，留有喘息余地的节奏设计，能让人际互动保持可持续的深度参与。

在商务社交和日常人际交往中，请客做东时如果表现过于冷淡，客人可能会觉得被忽视，聚会氛围沉闷，无法达到预期的交流效果。而过度热情又可能让客人感到不适，适得其反。熟练运用热情但不过度的暖场技巧，能够巧妙地营造出温馨、和谐的聚会开场，吸引客人积极参与互动。

这些技巧具有广泛的适用性，无论是商务宴请、朋友聚会还是家庭聚餐都能发挥作用。对于希望拓展人脉、推动事业发展的人来说，掌握此技巧能展示自己的社交智慧和亲和力，吸引更多优质人脉，为自己和他人创造更多交流与合作的可能，助力个人成长与集体发展。

暖场高手这样做

1. 热情得体的致辞很重要

请客做东时要注意，如果有致辞环节，其终极目标不是展示主理人或暖场者的口才，而是建立集体心理契约。

在一次生物科技论坛中，主理人的开场堪称典范：主理人手持培养皿，展示在实验室意外培育出的晶体状菌落，他说：“这些微生物教会我，真正的创新往往诞生在标准流程之外——就像今天的跨界对话，期待各位创造意料之外的‘知识结晶’。”实物与隐喻的双重冲击，瞬间将分散的注意力凝聚成共同体。

2. 讲个故事，分享聚会缘由

请客做东时，主理人在暖场过程中可以通过讲故事分享聚会缘由，故事的能量在于用情感逻辑替代功利性解释。

在一次慈善拍卖晚宴上，主理人未按惯例宣读捐赠数据，而是展示了一封边缘泛黄的信件。这是二十年前山区女童写给城市画家的信：“您画里的彩虹桥，能带我走到山外吗？”如今已成为教育基金会理事长的女童，与画家在台上重逢的场景，让所有嘉宾自发举牌竞价，最终募得的善款远超预期。

3. 引导大家互相了解

在社交活动中，破冰艺术的最高境界是暖场者让参与者意识不到“被引导”。

在一次建筑师与心理学家的跨界工作坊中，主理人发放白色面具和荧光笔：“请画出最能引发你空间焦虑感的图案。”心理治疗师在面具上描绘逼仄的迷宫，建筑师则用直线切割表现社交距离。当双方交换面具进行解读时，专业术语屏障瞬间被感性表达溶解。

第六章

销售暖场
——聊得好成交早

拜访客户，3 秒拉近关系

2024 年 4 月，在某省会三甲医院信息科门外，一位销售经理整理好着装，准备迎接重要谈判。此前，他通过医院官网和行业论坛了解到，科室负责人刚获得“全国医院信息化建设大奖”，还主导开发了提升就诊效率的“智慧医疗系统”，并在专业期刊发表过研究文章。

推开门，销售经理一眼看到桌上的马拉松完赛证书，又想起对方朋友圈连续两周步数排名靠前。他递上名片，真诚地说：“主任，您提出的信息化系统设计思路，在行业大会上被不少专家称赞。而且您工作这么忙，还能在马拉松跑出专业水平，这份精力和能力，真的让人佩服！”

听到这番话，原本严肃的主任表情缓和，点头道：“看来你做了不少功课。”销售经理趁机拿出平板电脑，展示其他医院的成功案例：“您看，这家医院用我们的 AI 技术优化急诊流程，和您‘让数据代替患者跑腿’的理念特别契合，患者等待时间大幅缩短，效果非常好。”

交流中，销售经理从包里拿出一本行业杂志，翻到他提前准备好的那一页，说道：“您在这本杂志里关于数据安全的见解特别深刻，我们团队专门参考这些内容，完善了产品的权限管理功能。”

谈到产品方案时，主任对项目效果表示关注。销售经理立刻分享现场照片："就像您跑马拉松坚持到最后一样，我们帮另一家医院做系统对接时，团队连续奋战，最终提前完成任务，成果超出预期。"

原本简短的会面，因为这场成功的破冰持续了一个多小时。最终，双方达成合作意向。

销售拜访前几秒的互动质量，决定客户后续信息接收完整度。3s 破冰的本质是构建神经认知优先权——当客户大脑伏隔核被赞美激活时，对后续产品信息的容忍度将大大提升。

更关键的是，这种即时连接能突破"决策者防御机制"。当客户感知到销售人员的真诚赞赏时，其大脑岛叶皮层（风险预警区）活跃度降低，而镜像神经元同步率提升。这相当于在客户潜意识中植入"自己人"标签，使后续沟通效率提升 4 倍以上。

心理学小展板 **首因效应**

首因效应是心理学领域中一个极为重要的概念。在人际交往、信息获取等各类初次接触的情境里，人们最先接收到的信息所形成的第一印象，宛如一颗投入平静湖面的石子，泛起的涟漪会在后续的交往与认知过程中持续扩散，占据主导地位，对个体的认知和判断产生深远影响。

在信息过载的商业战场，客户大脑进化出“认知节能模式”——平均每0.8秒对来访者进行价值预判。掌握暖场方法和破冰技能，相当于获得改写客户神经记忆编码的密钥：当赞美精准激活客户奖赏回路时，后续产品信息会被自动标记为“高优先级信息”。这不仅关乎销售效率，更是避免价值百万的解决方案被淹没在决策者认知滤网中的生存技能。

暖场高手这样做

1. 提及客户的成绩，真诚赞赏客户

客户的成绩是其努力与价值的体现，销售人员提及客户成绩，能迅速抓住客户注意力，引发情感共鸣。这里存在一个功绩锚点，即激活决策者的自我验证需求，其执行公式为：

（精准事件）+（专业细节）+（行业坐标）= 不可复制的真诚

在拜访前，销售人员需做好暖场准备——数据挖掘工作，可以利用专业的数据库研究客户发表的论文、申请的专利；通过中国知网查找客户在行业会议上的演讲视频；借助销售雷达系统关注客户的微信运动排行榜等，从中锁定客户具体而独特的成就。例如，某销售人员通过仔细翻阅客户朋友圈，定位到客户参与援藏工作的经历，在拜访时以“您在如此艰苦的环境下还能做到如此高的成就，真的太了不起了”暖场话题一打开，瞬间吸引客户注意力，这便是精准事件结合专业细节与行业坐标的体现。从神经

语言学设计角度，使用“听说您主导的……”“注意到您突破性的……”等句式，能有效触发客户内侧前额叶皮层（自我反思区）活跃，让客户感受到被关注和认可。要坚决避免使用泛泛的“厉害”“优秀”等抽象词，因为这类词汇会激活大脑默认模式网络，引发客户的警惕反应。

曾经有某销售因误将客户竞争对手的案例安插到目标客户身上，触发了客户杏仁核的威胁反应，导致后续沟通完全封闭，这是典型的反面教材，提醒销售人员务必确保暖场信息准确无误。

2. 进行经历嫁接，构建命运共同体认知

在拜访客户暖场时，销售人员要以自身经历或见闻开场，让开场更具吸引力和亲和力。销售人员可以借助三重共鸣框架，实现经历嫁接，进而达到搞笑暖场的目的：

- 痛点共鸣。如：销售人员可以说“上个月我在协和看到张教授处理跟您一样的耗材报损问题”，让客户感受到自己的问题并非个例，且有人成功解决过。
- 成就共鸣。如：“您推行的日间手术模式，和我在华西看到的李主任方案不谋而合，这种创新模式在提升医疗效率方面效果显著”，让客户因成就得到认同而产生共鸣。
- 价值观共鸣。如：“像您这样坚持用德国标准做国产设备的专家越来越少了，您对品质的执着令人钦佩”，从价值观层面拉近与客户的距离。

从脑科学原理来讲，当客户听到第三方专家故事时，其海马体与内侧颞叶会进入“情境模拟模式”，将销售人员纳入“行业知识共同体”。

某临床试验显示，采用经历嫁接法的销售拜访，客户记忆留存率比传统产品介绍高出很多。但要注意话术禁区，避免“我有个客户和您一样……”这类表述，因为这会激活客户“被归类”的抗拒心理，应转化为“我在××医院/会议看到……”，以更客观、更专业的视角展开话题。

3. 借助热门的文化话题聊开

热门文化话题具有广泛的传播性和话题性，销售暖场时，销售人员借助此类话题能迅速打破与客户之间的陌生感。

从神经符号学应用来看，选择与客户专属文化符号相关的话题。当话题精准匹配客户深层兴趣时，其大脑会释放内源性阿片肽，产生“知音”的快感体验。同时要做好风险防控，提前用天眼查检索客户对外投资等信息，避免触及敏感话题。曾有某销售误聊电竞战队赞助，却不知客户刚因儿子沉迷游戏引发家庭矛盾，导致拜访陷入僵局。

所以，销售人员要关注当下社会热点、文化潮流、行业趋势等信息，以便在拜访客户暖场时找到合适的话题。

4. 让小礼品发挥大作用

小礼品虽小，但在销售暖场中能发挥重要作用。如果能够打造好三级礼品矩阵，就能更好地实现礼品攻心的效果。

根据行为经济学的“互惠效应进阶理论”，与客户兴趣强关联的小礼品，会产生超礼品价值12倍的心理负债感。但要牢记禁忌清单，绝对避免直接赠送购物卡这类容易触发合规警报的礼品。曾经有某销售因赠送星巴克卡被认定为商业贿赂，损失了千万级订单，这是惨痛的教训，所以销售人员在礼品选择上务必谨慎合规。

成交中的暖场技巧

2024年3月的一个雨天，上海某甲级写字楼38层的会议室里，蓝色光标销售总监王梓正用指节轻敲着定制版PPT遥控器。玻璃幕墙外烟雨朦胧，倒映着对面美妆集团林雪菲经理案头那本翻开的《流量炼金术》——书名与她今日佩戴的鎏金眼镜链相得益彰。

“林总，这是我们根据贵司新品‘晨露系列’打造的沉浸式体验方案。”王梓按下遥控器，全息投影在会议桌中央展开，“您之前强调的‘嗅觉营销’理念，我们特别联合法国调香实验室开发了AR香氛模块。”随着薰衣草香气在空气中弥漫，林雪菲的手指停止了在合同草案上的无意识划动，她的注意力被吸引了。

当谈判进入报价环节，林雪菲突然翻开竞品方案：“贵司的CPM比行业均值高18%。”王梓却调出后台数据大屏：“这是上周投放测试的热力图，在小红书和得物的精准推送使CTR提升32%。”他轻点屏幕，曲线在美妆KOL投放区陡然上扬，“我们特别为贵司匹配了三位成分学博士博主，他们的专业背书让转化率提升了2.1倍。”

面对客户要求降低预算的提议，王梓从文件袋取出鎏金腰封的样书：“这是我们为晨露系列定制的《都市晨妆仪式白皮书》，收录了50位用户的真实使用故事。”翻开内页，泛黄的硫酸纸上印着林雪菲曾提到的“通勤 5 分钟妆容”概念，“我们把这部分内容植入信息流广告，用户停留时长增加了 47%。”他指着实时跳动的后台数据，“这些真实 UGC 内容正在为贵司节省 30% 的创意成本。”

签约仪式上，林雪菲忽然指着王梓笔记本上的手绘草图：“这是您设计的香氛体验店动线？”王梓笑着递上平板电脑：“这是 AR 导航系统的测试版，用户跟着虚拟晨露指引就能找到产品，和贵司‘自然唤醒’的品牌理念不谋而合。”当林雪菲在合同上签下名字时，窗外的雨刚好停了，金色阳光透过玻璃，在两人相握的手上镀了层暖光。

三个月后，晨露系列新品发布会现场，林雪菲向同行展示着高达 300% 的销售增长曲线：“蓝色光标团队最打动我的，是他们能把冰冷的数字变成有温度的用户故事。”而王梓手机里还存着第一次提案时的照片——林雪菲当时在会议纪要背面画的香水瓶涂鸦，此刻已变成陈列在专柜的实物。

在商业活动中，很多重大交易僵局并非源于核心条款分歧，而是谈判氛围引发的“情绪性对抗”。在成交阶段，暖场实质是重构谈判的心理坐标系——当王梓引导客户知道其与品牌理念不谋而合时，相当于将谈判桌从“零和博弈的战场”转变为“共同成长的见证席”。

当谈判双方产生多次共同笑声时，合作性提案通过率可能也会随之提升。这是因为幽默刺激会促进多巴胺分泌，使大脑奖赏系统将对方从“谈判对手”重新归类为“潜在合作伙伴”。更重要的是，暖场能改变决策权重：

成功的氛围营造可使客户对隐性价值（如长期服务）的评估权重大大提升，这直接决定附加条款的议价空间。

心理学小展板 **情绪协调理论**

情绪协调理论主要聚焦于人际互动中情绪的同步与协调。在人际交往里，情绪协调意味着双方能敏锐感知彼此的情绪状态，并做出与之匹配的回应。例如，当一方兴奋地分享好消息时，另一方热情回应，这种积极的情绪同步能增强彼此的情感连接。

客户在面对购买决策时，往往较为谨慎，若销售过程缺乏暖场，客户可能因紧张、疑虑而犹豫不决，甚至放弃购买。暖场技巧能帮助销售人员打破客户的心理防线，建立良好的沟通氛围，使客户更愿意倾听产品介绍和解决方案。在价格谈判等敏感环节，暖场能缓和气氛，减少冲突，让双方更理性地探讨合作细节。

暖场高手这样做

1. 回顾合作历程，用成果营造轻松谈判氛围

在成交谈判中，回顾合作历程是营造轻松氛围的有效方式，这背后有着一套科学的“时光回溯法：用记忆锚点重构谈判逻辑”执行系统。

销售人员要提前建立客户合作历程的“100 个关键时刻”数据库，进

行记忆颗粒化提取，精确到具体日期、场景细节，如“2021年梅雨季服务器报警时您穿灰色POLO衫值班”。某工业软件销售在谈判胶着时，突然说“记得上次在浦东机场延误时，您用手机调试的算法模型”，瞬间打破僵局，重新唤起客户对过往合作的积极记忆。

采用神经叙事技术，运用“时间戳＋感官要素”的叙述结构，如“去年七夕（时间锚点），我们在机房听到报警声（听觉）时，李工手里的咖啡（视觉）差点打翻……”这种多模态记忆提取能使海马体活跃度提升42%，让客户更深刻地回忆起合作场景。

在实际谈判中，还可借助生物反馈应用，销售人员佩戴智能手环监测客户心率变异性（HRV），当HRV低于50 ms时触发记忆回溯。某汽车零部件谈判中，销售发现客户HRV骤降后立即展示三年前的实验数据对比图，使谈判顺利推进。

2. 把客户的建议变成对其的肯定和鼓励

当客户在成交阶段提出建议时，销售人员可运用“建议转化术：将异议锻造为勋章”的三阶反馈框架。

首先进行镜像复述，如“您提出的运维成本问题非常专业”，让客户感受到被倾听。其次进行价值升维，“这让我们想到华为在5G基站维护中的经验”，将客户的建议提升到行业高度。最后进行共识封装，“我们可以把您的洞察转化为智能预警模块”，将客户建议融入产品或服务改进方向。

从脑认知机制来看，当客户建议被重新表述为行业级洞察时，其大脑背外侧前额叶皮层（自我价值评估区）血氧水平会显著上升。某半导体设备谈判中，销售将客户质疑的良品率问题转化为“您发现的这个参数变量，台积电最近也列入白皮书”，成功促成3000万美元设备升级。

这里有一个话术公式可供参考：“您提出的（具体建议），让我们联想到（行业标杆）在（某场景）的解决方案，这说明（价值升华）。我们可以通过（产品功能）将这种智慧转化为（客户收益）。”但要注意风险预警，避免过度拔高导致认知失调，如某销售将客户随口抱怨包装为战略洞察，反而引发信任危机。

3. 把产品优势幽默地传递给对方

将产品优势幽默地传递给客户，能让客户更轻松地接受产品信息，加深对产品的印象。

在幽默信息素配方上，可从行业痛点“萌化”入手，如将服务器宕机画成打瞌睡的机器人；运用技术术语谐音，像“我们的CDN加速就像给数据穿溜冰鞋”；还有场景反差梗，如“这个加密系统安全到连ChatGPT都猜不到密码”。从神经幽默回路来说，当客户听到精心设计的行业幽默时，其腹侧纹状体与杏仁核会形成特殊连接，将幽默刺激与产品价值绑定。有数据显示，在成交阶段使用3次精准幽默，客户对功能缺陷的容忍度能提升54%。

在执行方面，销售要提前通过一些渠道分析客户教育背景，避免文化差异梗，确保幽默能被客户理解。在谈判第23分钟（平均注意力拐点）释放首个幽默冲击，有效吸引客户注意力。同时搭配肢体语言，比如指关节轻敲桌面模拟数据流动声，增强幽默效果。以经典案例来看，某ERP系统谈判中，销售模仿机器人语调说：“如果我们的库存预测出错，我就把自己格式化成扫地机器人去您仓库打工。”客户当场笑称要写入验收条款，这份被认可的幽默使原本胶着的实施周期谈判迅速达成一致。

展会现场流量密码

2023 年 1 月，美国拉斯维加斯的 CES 展会上，某汽车品牌占据了一块 300 平方米的黄金展位，期望凭借自身产品的卓越性能和独特设计吸引大量观众。然而，竞争对手推出的一项创新科技，打乱了该品牌的节奏。展会首日，该品牌展位观众的平均停留时长本为 4.2 分钟，可随着竞品新科技的亮相，展位观众的平均停留时长急剧降至 1.7 分钟，原本热闹的展位顿时冷清了许多。

面对这一严峻局面，该汽车品牌的工作人员迅速启动应急预案。他们策划了一场“AR 寻宝游戏”，将展车的 12 项核心科技巧妙地转化为虚拟光点。观众只需用手机扫描展车轮胎，便能开启奇妙之旅。一位来自日本的参观者在扫描轮毂时，空中瞬间浮现出某关键部件的 3D 解剖模型，同时系统提示：“发现展车核心秘密，积分可兑换定制车模”。这一互动极大地激发了观众的探索欲，使他们在参与过程中深入了解了展车的技术亮点。

为了进一步提升吸引力，该品牌还推出了沉浸式情景剧。每到整点，一部时长 8 分钟的《2070 未来通勤》准时开演。观众可以佩戴脑波感应器参与剧情抉择，深度融入其中。一位德国工程师在剧情中选择了“量子导航模式”，随即触发展车自动演示先进的车路协同系统，精彩的展示瞬间吸引了几十人驻足围观。

在营造现场互动氛围方面，该品牌在展台穹顶安装了智能声音墙。当观众对展品鼓掌时，声控系统会让展车车灯随掌声节奏闪烁，让现场气氛瞬间热烈起来。一位知名科技博主在展台前高喊特定指令，话音刚落，语音助手立即跳出全息影像幽默回应。这一有趣互动引发了现场阵阵欢笑与惊叹。

经过 48 小时的不懈努力，成效斐然。该品牌展位的观众平均停留时长飙升至 9.3 分钟，现场收集到有效线索 3.7 万条，直接促成 286 个试驾预约。最终，这场展会为该汽车品牌带来了 1.2 亿美元的潜在订单。

德勤《2023 全球展会效能报告》揭示：在平均人流密度 300 人 / 小时的 A 级展会上，观众在前 90 秒的体验决定其 80% 的停留决策。传统“产品陈列 + 资料派发”模式已使 82% 的展位沦为“过道风景”。

在展会中进行暖场的关键是构建体验记忆锚点，当观众同时接收视觉、听觉、触觉刺激时，海马体记忆强度提升 53%。另外，艾瑞咨询数据显示，参与过互动环节的观众，后续转化率是普通观众的 2.7 倍。更关键的是，优秀的展会暖场能实现“流量裂变”，上述案例中的某品牌汽车展台的 AR 游戏促使 32% 的参与者自发传播，每个互动环节平均产生 1∶17 的社交裂变系数。这种从“被动展示”到“主动共创”的转变，正在重塑展会营销的底层逻辑。

心理学小展板 心流理论

心理学家米哈里·契克森米哈伊提出的“心流理论”指出，当个体面临的挑战与自身技能达到完美平衡时，个体会进入高度专注、丧失时间感的沉浸状态。这种状态伴随着多巴胺持续分泌，能够强化行为记忆与正向情绪联结。心流产生需要三个核心要素：清晰目标（如游戏通关条件）、即时反馈（如积分增长提示）、挑战阶梯（如难度渐进设计）。

在信息过载的现代展会中，观众注意力持续时间已大大缩短，这意味着，传统产品讲解的黄金时间仅有拧开矿泉水瓶盖的时长，相当一部分的技术参数会在人们离开展位 15 分钟后被遗忘；每增加 1 分钟有效停留，品牌记忆度就会提升。掌握展会暖场技巧的本质，是将展位从“信息发布点”转化为“体验能量场”。

某机构的研究证实，经过专业设计的暖场环节，能使产品价值感知度提升 68%，这正是突破同质化竞争的关键武器。

暖场高手这样做

1．用暖场小游戏引导观众，增加停留时间

在展会现场设置暖场小游戏是吸引观众的有效手段，实际数据也表明，引入游戏化元素的展位，观众互动时长平均增加 4.7 倍，线索转化成本下降 63%。以一场食品展为例，某企业在该展会上设计了一个“美食拼图”游戏。他们将自家特色食品的图片分割成若干小块，制作成拼图。观众在规定时间内完成拼图，就能获得该企业的食品小样或优惠券。这个游戏不仅吸引了大量观众参与，还让观众在游戏过程中对企业的产品有了更深刻的印象。

需要注意的是，暖场游戏设计要简洁易懂、趣味性强，且与企业产品或品牌相关。在游戏难度设置上，可以采用动态难度调节的方式。例如，像案例中汽车厂家设计的 AR 寻宝游戏，会根据参与者身份智能调整难度。普通观众只需扫描 3 个点位，而检测到工程师证件的观众会触发隐藏任务，需破解车载 AI 的数学谜题。

同时，社交货币设计也能提升游戏吸引力，在特斯拉柏林工厂开放日，观众完成“电池组装模拟游戏”后可获得 NFT 勋章，该设计使活动照片分享率提升 270%。从神经机制来讲，游戏机制激活大脑伏隔核（奖励中枢），能够促使多巴胺分泌量比静态展示高 3 倍。

2. 产品演示剧场化，让展示更具吸引力

展会中的暖场可采用产品演示剧场来实现，它能将产品展示提升到一个新的高度。产品演示剧场需要遵循“用戏剧化演绎让产品成为故事主角”的情景设计法则。例如，在汽车展上，某新能源汽车品牌将展位布置成一个未来城市的街道场景，车辆在模拟街道上行驶，周围有智能交通设施和虚拟行人。在演示过程中，配合音效和灯光，营造出逼真的驾驶体验。

产品演示剧场化首先要精心设计演示场景，根据产品特点和目标受众，打造一个沉浸式的展示环境。例如，戴森在米兰设计周上演《灰尘王国奇遇记》，用舞台剧展示吸尘器马达的微观战役，使产品询单量暴涨3倍。同时，要运用五感协同刺激，如保时捷电动跑车发布时，在密闭空间制造臭氧味道模拟雨后赛道，配合7.1声道引擎声浪，使观众心跳加速幅度达23%。

3. 互动是最好的暖场，可以提升观众参与感

互动环节是展会现场暖场的核心，互动形式可以多种多样，除了邀请观众上台体验产品，还可以开展知识问答、抽奖、创意比赛等活动。

在知识问答环节，问题要围绕企业产品或行业知识展开，回答正确的观众可以获得奖品。例如在一场电子产品展上，主持人提问："我们公司最新推出的手机采用了哪种先进的摄像头技术，能拍摄出超清晰的夜景照片？"通过这种方式，既传播了产品知识，又增加了观众的参与热情度。

抽奖活动也是常见且有效的互动方式。可以设置不同等级的奖品，吸引观众参与。抽奖方式可以采用现场扫码、填写问卷等，这样便于收集观众信息，为后续的市场推广提供数据支持。

另外，行为可视化也是互动的有效方式。例如，三星在MWC展会的折叠屏体验区，观众每一次开合手机都会生成彩色数据流投射到穹顶，形成集体创作的光影艺术。

社交裂变机制也十分关键，小鹏汽车在成都车展设置"声音邮局"，

观众录制的产品体验会自动生成带二维码的声波明信片，引发朋友圈二次传播。从神经经济学效应来看，当观众发现自己的行为能改变展台环境时，其眶额皮层（决策评估区）与纹状体（行动控制区）会形成强化回路。

实验显示，参与过共创设计的观众，品牌好感度评分比被动观察者高41%。不过，需预设备用方案防止技术故障，如华为在柏林 IFA 展遭遇停电时，立即启动“烛光技术讲堂”，反而塑造了危机应对的品牌记忆点。

第七章

商业活动

——打造难忘时刻的秘诀

「欢乐婚礼搞活气氛不冷场」

2023 年 5 月，程序员陈宇与插画师林夕举办了一场别具一格的婚礼。他们深知传统婚礼中常出现的尴尬状况——很多宾客在仪式开始 30 分钟后便开始自顾自刷手机。为了避免这种情况，让婚礼充满新意与活力，两人决定运用游戏化思维对婚礼流程进行全新重构。

在接亲阶段，他们将胡同口的 10 个门牌号精心改造成了独特的“爱情密码锁”。伴郎团想要顺利接走新娘，必须戴上 AR 眼镜扫描门环，然后解答新娘精心设计的编程题来获取钥匙。一道道难题接踵而至，考验着伴郎团的智慧。而新郎面临的最后一道题堪称“终极挑战”——用 Python 代码生成新娘的肖像。只见新郎全神贯注，手指在键盘上飞速敲击，经过一番紧张操作，当代码运行成功时，空中瞬间投影出新娘栩栩如生的粒子动态画像。这一惊艳场景不仅让伴郎团欢呼雀跃，还引得周围围观群众纷纷拿出手机拍照，随后这些照片迅速在小红书上传播开来，吸引了众多网友的关注。

进入仪式环节，在交换戒指这一关键节点，司仪启动了神奇的“记忆共振装置”。刹那间，宾客们的手机同步收到新人恋爱时期的 30 秒短视频片段。紧接着，大家通过小程序参与投票，选出他们心目中最动人的片段。现场气氛热烈，每个人都沉浸在新人的甜蜜爱情回忆中。

最终，“地铁站台风天送伞”这一场景获得了最高票数。就在众人期待之时，宴会厅内瞬间亮起灯光，该场景被即时生成3D全息影像，逼真地重现眼前。看到这一幕，宾客们深受触动，眼眶泛红，落下感动的泪水。

宴会设计同样别出心裁。餐桌上摆放的智能餐盘内置压力传感器，宾客夹菜力度的不同会触发各异的灯光特效。当伴娘夹起盘中的龙虾时，神奇的事情发生了：天花板突然降下写着“百年好合”的激光投影。与此同时，DJ适时播放经过实时混音的“凤凰传奇版婚礼进行曲”，动感的旋律与独特的特效相互配合，将现场气氛瞬间推向沸点。

在200人规模的社交场景中，积极情绪的传播效率是消极情绪的8倍，但需要在前18分钟建立至少3个集体情绪锚点。

在传统婚礼中，司仪主导的“才艺表演+抽奖”模式已使当下年轻宾客产生“婚礼疲劳综合征”。所以，举办一场好的婚礼的关键是构建情感共振磁场，当群体同步发出笑声时，镜像神经元激活率比个体娱乐时高出很多，从而形成“情绪传染链”。

心理学小展板 **群体极化理论**

社会心理学家莫斯科维奇提出的群体极化理论指出，当个体处于群体环境中时，其情绪反应会趋向于比独处时更极端的表达。这种现象源于社会比较机制与责任分散效应的双重作用，导致集体情绪在互动中不断自我强化，最终形成指数级扩散的情绪场域。

相当一部分宾客会在仪式开始 20 分钟后进入“社交待机状态”，而婚礼中每增加 1 个互动环节，新人获得真诚祝福的概率就会提升。另外，具有记忆点的婚礼设计，可使新人婚后 1 年内的亲密关系满意度提高 29%。而掌握婚礼暖场技巧的本质，是将婚礼从“流程性仪式”进化为“群体情感共创事件”。

暖场高手这样做

1. 接亲堵门创新设计，增添婚礼欢乐氛围

接亲堵门是婚礼中充满趣味的环节，创新设计能极大地增添欢乐氛围。暖场者在设计这个环节时可以从游戏形式、关卡设置等方面入手。除了常见的问答游戏，还可以设计一些考验体力与智力结合的关卡。比如设置“爱情接力赛”，伴郎团需要完成一系列任务，如在规定时间内做一定数量的俯卧撑，每完成一个俯卧撑，伴娘团就给出一个关于新人爱情故事拼图的碎片，伴郎团要将碎片拼好才能进入下一关。这种设计既考验伴郎团的体力，又融入了新人的爱情元素，充满趣味性。

在道具使用上暖场者也可以别出心裁。比如准备一些特制的道具，像超大号的钥匙模型，伴郎团需要在众多相似的钥匙中找到能打开模拟门的那一把，而寻找的线索就藏在新人的照片背后或者房间的各个角落。通过这种方式，可以增加接亲的神秘感和趣味性。还可以融入现代科技元素，利用手机扫码解锁虚拟关卡，让接亲环节紧跟时代潮流。暖场者在游戏难度设置上，要根据伴郎团的实际情况合理调整，确保游戏既具有挑战性又不会让伴郎团感到过于困难，使整个接亲过程充满欢声笑语，为婚礼拉开欢乐序幕。

2. 婚礼仪式巧妙设置互动

婚礼仪式中的互动环节是营造氛围的关键。在新人入场环节，暖场者可以设计独特的互动方式。例如，在红毯两侧设置一些小盒子，里面装着写有不同祝福话语的卡片，邀请宾客上台抽取卡片，并大声念出祝福，新人则在一旁聆听并感谢。这样不仅能让宾客参与其中，还能让新人感受到每一位宾客真挚的祝福。

在证婚环节，除了传统的证婚人发言，还可以邀请新人的好友或家人上台分享他们眼中新人的爱情故事。通过这些生动的故事，暖场者让现场宾客更深入地了解新人之间的感情，增强情感共鸣。交换戒指环节也可以创新，例如设置一个“戒指传递”互动，让戒指通过宾客的手依次传递到新人手中，传递过程中，每位宾客都能为新人送上一句简短的祝福。这种方式能让宾客成为婚礼仪式的一部分，使婚礼更具参与感和仪式感。在婚礼仪式的各个环节巧妙设置互动，能让整个仪式充满生机与活力，给新人与宾客留下深刻印象。

3. 婚礼游戏增强宾客参与感

婚礼中的暖场游戏是增强宾客参与感的重要手段。暖场游戏类型要丰富多样，满足不同年龄段宾客的需求。

对于年轻宾客，暖场者可以设置一些具有挑战性和竞技性的游戏，如“婚礼知识竞赛”，题目围绕婚礼习俗、新人信息等展开，获胜者能获得精美的礼品。

对于年龄稍大的宾客，暖场者可以安排一些轻松有趣的游戏，像“歌曲猜猜猜”，播放经典老歌，让宾客猜出歌曲名字，参与游戏的宾客都能获得小纪念品。

在游戏组织上，暖场者要确保规则简单易懂，清晰地讲解游戏规则，并在游戏过程中积极引导，鼓励宾客踊跃参与。暖场游戏奖品的设置也很重要，要具有吸引力且与婚礼主题相关，如定制的带有新人照片的保温杯、精美的婚礼主题摆件等。要通过这些精心设计的婚礼游戏，让宾客们积极参与其中，在游戏中增进彼此之间的交流，让婚礼现场充满欢声笑语，使婚礼成为一场真正意义上的大家共同参与、共同欢乐的盛会。

「产品路演中暖场高手的王炸技巧」

2023 年 8 月，深圳硬科技峰会的路演环节陷入了僵局。前面连续七位创业者在台上滔滔不绝，用 PPT 堆砌着大量技术参数，台下的投资人却兴致索然，会场气氛沉闷压抑。就在大家以为这场路演将在平淡中结束时，最后一位演讲者登场了。

这位演讲者先是带着一丝感慨，微笑着问道："在座的各位，有谁见过凌晨 4 点的深圳？" 随后，他轻轻摘下自己佩戴的智能睡眠眼镜，继续说道："就是这副眼镜，记录了 378 位长期与代码为伴的程序员的重度失眠数据，我也是其中之一。上次我看到凌晨 4 点的天空，就是因为这副眼镜提醒我，该睡觉了。" 此话一出，观众席瞬间爆发出一阵欢快的笑声，原本有些倦怠的投资人们为之一振。前排一位知名投资机构的合伙人原本正无聊地把玩着咖啡杯，此刻也放下杯子，饶有兴致地看向演讲者。

紧接着，他用温和而富有感染力的声音说道："现在，请大家闭上眼睛，想象一下自己连续加班三天后的状态。"就在观众们沉浸在想象中时，他突然按下遥控器，会场里瞬间响起一阵刺耳的闹钟声，打破了原本的宁静。大家纷纷睁开眼睛，面露惊讶。演讲者适时抛出问题："这就是传统唤醒方式的副作用。那么，有谁能说出人体褪黑素分泌的临界光照值？”当正确答案揭晓的那一刻，他手中眼镜边框亮起的蓝光恰好对应510nm波长，一位来自国外知名投资公司的代表不禁大声称赞，现场气氛愈发热烈。

为了进一步调动观众的积极性，他邀请现场观众上台体验“30秒入睡挑战”：参与者戴上眼镜参与脑波测试，最快进入α波状态者可获得“睡眠领主”称号。一位投资公司的高层被邀请上台，当他的脑电波图谱投射到大屏幕上时，现场恰到好处地响起《星际穿越》的原声音乐，激昂的旋律让整个会场的氛围达到了高潮。台下的投资人纷纷被吸引，集体举起手机录像，记录这一精彩瞬间。

这场别具一格的路演取得了巨大成功。演讲者所在的公司估值在短短三个月内从2亿元飙升至15亿元，其设计的“脑波挑战赛”更是被知名创业媒体旗下的创业者训练营列为标准暖场模板。

人类在陌生环境中的注意力防御机制，会在开场时形成认知屏障。就拿传统路演来说，在开场中，一些技术术语会在穿透这层屏障前消散，如同子弹射向防弹玻璃。所以，路演中暖场的本质是实施认知拆解手术，先暂时解除听众的心理戒备，然后将产品核心价值封装在互动谜题中，规避大脑的广告过滤机制，再通过挑战游戏建立“共同经历”，把商业信息转化为集体记忆，最后用问卷调查披上游戏化外衣，在受众无意识中完成数据埋点。

这种多维渗透策略，能绕过理性判断直接触达情绪决策区。就像上面案例中的路演者用30秒挑战让投资人记住褪黑素激活原理，远比解释光谱算法更有效。

心理学小展板 **纯粹接触效应**

社会心理学家罗伯特·扎伊翁茨提出的“纯粹接触效应”指出：人类对某事物的好感度会随着接触次数的增加而提升，即便这种接触是潜意识层面的。这种效应不依赖内容理解，而是通过重复曝光在神经系统中建立积极联结。

掌握路演暖场技巧的本质，是将路演从“技术汇报”转化为“认知奇袭”。当竞品还在用柱状图对比性能参数时，高手早已用互动游戏在听众大脑植入“记忆磁石”。这如同特工用消音手枪取代重炮——胜负在观众意识到被影响前就已注定。

暖场高手这样做

1. 一段幽默开场少不了

幽默开场是产品路演暖场的有力武器。路演者要结合产品特点和现场氛围，准备一段独特的幽默话语。比如推广一款智能厨房设备时，路演者可以这样开场：“各位朋友，你们有没有过这样的经历，满心欢喜地想做一顿大餐，结果厨房却变成了‘战场’，锅碗瓢盆叮当作响，食材乱飞。

要是有了我们这款智能厨房设备，厨房就会变成你的‘魔法实验室’，你就可以轻松做出美味佳肴，再也不用担心厨房一团糟啦！”这段幽默的开场既点明了产品能解决的问题，又以夸张有趣的方式吸引了观众的注意力。

在表达幽默时，路演者要注意语气和表情的配合，用生动的肢体语言增强幽默效果。同时，幽默内容要适度，避免过于低俗或冒犯观众。还可以结合当下的热点话题或流行梗，让幽默更具时代感和共鸣性。例如在介绍一款智能办公软件时，路演者可以说：“现在大家工作都忙得像转起来的陀螺，天天和各种文件、数据打交道。有了我们这款软件，就像给工作装上了‘涡轮增压器’，效率直线上升，让你轻松成为办公室里的最佳员工！”通过这样的幽默开场，迅速拉近与观众的距离，为路演营造良好的氛围。

2. 互动小问题中暗藏大玄机

在产品路演中设置暖场互动小问题，能有效调动观众的积极性。暖场问题要与产品相关且具有启发性，如推广一款环保清洁产品时，可以问：“大家在日常生活中，最担心清洁产品对环境造成什么危害呢？”这个问题引导观众思考环保清洁的重要性，同时自然地引出产品的环保特性。

在提问时，路演者要注意引导观众积极回答，用鼓励的眼神和语言让观众感受到被重视。对于观众的回答，要给予积极的回应，可以对回答进行总结和升华，将话题与产品紧密联系起来。例如，观众回答：担心清洁产品含有有害化学物质，路演者可以回应：“您说得太对了！我们这款环保清洁产品就是为了解决这个问题而研发的，它采用天然植物成分，完全不含有害化学物质，在清洁的同时还能保护我们的环境，让您的家更安全、更健康。”通过这样的互动，不仅能让观众参与到路演中，还能让观众更深入地了解产品的优势和价值。

3. 挑战类游戏掀起参与高潮

在路演中安排挑战类游戏能极大地提升观众的参与热情。这类暖场游戏的设计要简单易懂，且与产品的功能或特点相关。例如，推广一款运动手环时，可以设置一个“步数挑战”游戏，邀请观众上台，在规定时间内佩戴运动手环进行快速行走，看谁在规定时间内步数最多。参与者不仅能亲身体验运动手环的计步功能，获胜者还能获得运动手环作为奖品。

在游戏过程中，路演者要做好组织和引导工作，确保游戏有序进行。可以通过现场解说，强调产品在游戏中的表现，如“大家看，这位朋友快速行走时，我们的运动手环能精准地记录每一步，并通过数据实时显示，非常准确。这就是我们运动手环的强大之处，能为您的运动提供最可靠的记录和分析”。这样既能增加游戏的趣味性，又能让观众更直观地了解产品的优势，掀起路演的参与高潮。

4. 做一份有新意的问卷调查

路演时可以设计有新意的问卷调查，这么做能深入了解观众需求，同时增强观众在路演中的参与感。问卷问题可以采用多种形式，除了情景假设，还可以设置一些开放性问题，如“您希望未来的智能家居具备哪些独特功能？”对于一些复杂的问题，可以采用图片或视频辅助说明，让观众更容易理解。

在发放问卷时，路演者可以简要介绍问卷的目的和特色，吸引观众参与。为了提高问卷的回收率和质量，可以设置一些小奖励，比如填写问卷的观众可以获得产品优惠券或小礼品。路演团队要及时对问卷进行整理和分析，将观众的需求和反馈转化为产品改进和推广的方向，使产品更符合市场需求。

「其他庆典活动的暖场要点」

2023 年国庆期间，一座位于苏州核心地段的大型商场在筹备开业时，面临着严峻挑战。商场周边 3 公里范围内，竟有 4 家竞品同期开业，竞争激烈程度可想而知。商场的策划团队陷入深思，如何才能在这场商业博弈中脱颖而出，吸引消费者的目光呢？策划总监周茉（化名）另辟蹊径，决定打造一场独具特色的“丝路幻境”主题暖场活动，将古老的敦煌壁画元素与现代科技巧妙融合，精心设计出暖场三部曲。

活动伊始，一场特别的生日惊喜在商场中庭上演。中庭搭建起一座高达 9 米的“飞天生日塔”，设计精美绝伦。商场提前邀请当天生日的顾客到场并佩戴上特制的感应手环。当一位 12 岁的小女孩靠近塔基时，神奇的一幕发生了：塔基的机械花瓣如梦幻般突然绽放，与此同时，悬浮投影在穹顶之上迅速拼出一段定制祝福：“祝萌萌征服二次元世界”。小女孩和她的母亲瞬间被这突如其来的惊喜包围，母亲眼中泪光闪烁，感动不已。这温馨的一幕被现场观众记录下来，视频迅速在网络传播，登上同城热搜榜首，引发了广泛关注。

在节日沉浸环节，商场正门设置的“时空转经筒”装置成为焦点。顾客只需轻轻转动经筒，运用了 AR 技术的商场玻璃幕墙上便会投射出莫高窟美轮美奂的动态壁画。一位 65 岁的退休教师在转动经筒时，触发了“九色鹿现身”的特效。这神奇的体验让他激动不已！

开业当天，一场震撼的表演将活动推向高潮。开业前 3 小时，20 位身着华丽霓裳羽衣的舞者从商场顶楼索降而下，瞬间吸引了大批路人的目光。舞者们手持全息琵琶，灵动地演绎着经典的《霓裳羽衣曲》。当领舞者将绸带抛向人群时，惊喜再次降临——绸带末端系着限量版黄金会员卡。这一设计瞬间点燃了现场气氛，顾客们争相跃起抓取会员卡，现场气氛热烈非凡。凭借这场精彩的表演，商场开业首日客流量便突破 12 万人次，取得了开门红。

人类学家特纳提出的“阈限理论”揭示：庆典本质是打破日常规则的“神圣时空”，而暖场环节正是开启这扇“阈限之门”的钥匙。优秀的暖场设计能实现三重转化：

- 将旁观者转化为参与者，通过行为卷入降低心理防御。
- 将商业空间转化为文化剧场，用场景符号重构认知框架。
- 将交易行为转化为情感仪式，使消费决策附着集体记忆。

当顾客为抓取飞天绸带跃起时，他们的身体记忆已与商场品牌形成肌肉联结；当转经筒投射出九色鹿，敦煌 IP 便绕过理性判断直抵文化认同区。这种多维度的情绪织网，正是现代庆典对抗同质化竞争的终极武器。

心理学小展板 **具身认知理论**

具身认知理论认为，人类的认知过程不仅依赖大脑，还与身体感觉、运动系统密切关联。当个体在特定环境中进行动作交互时，其身体体验会直接影响心理判断与记忆编码，形成“身体记忆先于理性认知”的决策路径。

一场缺乏暖场的庆典活动可能会显得冷清、无人问津，无法达到预期效果。而熟练运用暖场技巧，能够快速吸引人们的关注，提升活动的人气。暖场技巧可以根据不同庆典活动的特点和目标受众进行定制，满足多样化的需求。

暖场高手这样做

1. 生日派对的创意开场：打造专属惊喜

生日派对的创意开场要围绕寿星的个性和喜好展开。暖场者可以制作一段特别的视频，除了展示寿星的成长历程，还可以加入一些有趣的故事和珍贵的回忆片段。比如，若寿星热爱旅行，视频中可以剪辑他在世界各地旅行的精彩瞬间，配上温馨的旁白。在播放视频时，可以配合现场的灯光和音乐，营造出浪漫而温馨的氛围。

另一种创意方式是设置一个“时光隧道”。在派对入口处，暖场者用气球和彩带搭建一个长长的通道，通道两侧张贴寿星不同年龄段的照片。

当寿星走进“时光隧道”时，仿佛穿越了自己的人生旅程，这种独特的体验能让寿星感受到满满的惊喜。还可以邀请寿星的亲朋好友提前录制祝福视频，在派对开场时播放。这些熟悉的面孔和真挚的祝福，会让寿星深受感动，也能让在场的嘉宾感受到浓厚的情谊，为生日派对营造出温馨而欢乐的开场氛围。

2. 节日庆典的主题暖场：融入节日氛围

节日庆典的主题暖场要充分展现节日的特色。在春节庆典中，可以在活动现场张贴春联、福字，悬挂大红灯笼。还可以组织舞龙舞狮表演，舞龙舞狮队伍在街道上穿梭，锣鼓喧天，热闹非凡，能瞬间将春节的喜庆氛围推向高潮。此外，设置写春联、剪窗花等互动区域，也能让参与者亲身体验传统节日文化的魅力。

对于情人节庆典，活动现场可以布置成浪漫的粉色和红色调，用玫瑰花瓣铺成心形图案。举办“情侣默契大考验”游戏，邀请情侣们上台参与，通过回答问题、完成指定动作等环节，考验情侣之间的默契程度。获胜的情侣可以获得精美的情侣礼品，如情侣手表、情侣对戒等。这种充满节日氛围的暖场活动，能让参与者更好地感受节日的浪漫与温馨，沉浸在节日的欢乐氛围中。

这里有一个真实事例：成都春节庙会的“智能门神”装置，扫描顾客面部生成专属年画形象，既保留朱仙镇木版年画技法，又融入AI绘画技术。数据显示活动期间顾客平均拍摄47张照片，是传统灯笼展的3倍。

3. 开业庆典的人气聚集：吸引顾客目光

开业庆典吸引人气，首先要在店铺外观上下功夫。比如用色彩鲜艳的气球、彩带和横幅装饰店铺，设置醒目的开业招牌。或者是在店铺门口安排精彩的表演，如乐队演奏、舞蹈表演等。邀请专业的舞蹈团队表演一段活力四射的现代舞，能更快地吸引路人的目光。同时，设置一些互动环节，如扫码关注店铺公众号即可参与抽奖，奖品可以是店铺的优惠券、小礼品等。

还可以准备一些免费的试吃或试用活动。如果是一家餐厅开业，可以在门口设置试吃摊位，提供特色菜品供路人品尝。对于美妆店开业，可以为顾客提供免费的妆容设计体验。通过这些方式，让路人对店铺的产品或服务有初步的了解和体验，吸引他们走进店铺，聚集开业庆典的人气。

西安博物馆文创店开业时，设置了“文物复活擂台”，顾客用触控笔修复投影壁画，每完成 10% 修复度即可解锁一件文创产品预售权。活动首日库存售罄时间比预计提前 6 小时。

4. 促销活动的暖场秘诀：从随便看看到疯狂抢购

促销活动暖场要激发顾客的购买欲望。商家可以在店铺门口设置大型的促销海报，用醒目的字体和吸引人的图案展示优惠信息，如“全场五折起”“买一送一”等。安排店员在门口热情地向路人发放传单，介绍促销活动的具体内容。当顾客走进店铺时，店员要主动上前迎接，为顾客提供贴心的服务。

商家还可以在店内设置一些有趣的互动环节，如顾客消费满一定金额即可参与“幸运大转盘”。转盘上设置不同的奖项，包括优惠券、赠品等。还可以举办“限时抢购”活动，在特定时间段内，某些商品享受超低折扣。通过这种限时、限量的方式，制造紧张感和紧迫感，激发顾客的购买冲动，让顾客从随便看看转变为疯狂抢购，增强促销活动的效果。

儿童乐园周年庆的“闯关地图”就用了这个秘诀，每体验一个项目盖一个生肖印章，集齐 12 生肖可召唤“神秘园长”赠送年卡。原本计划游玩 2 小时的顾客，平均停留时间延长至 5.5 小时。

第八章

教育培训

——从枯燥灌输到趣味互动

开场就炸，让听众困意全无

2023 年 11 月，某跨国科技公司的北京总部迎来了一场针对中层管理人员的领导力培训。这次培训为期三天，采用封闭式教学。当学员们手持咖啡、带着充电宝踏入培训场地时，脸上满是疲惫，他们心中暗自揣测：这或许又是一场充斥着枯燥 PPT 演示的“酷刑”。然而，主讲人顾岩（化名）却以一种别出心裁的方式，彻底打破了学员们的预期。

培训伊始，顾岩老师戴上 VR 眼镜，以极具吸引力的开场白说道：“欢迎各位登陆“西部世界”特别季，今天，让我们一同瞧瞧，大家在数字世界里的领导力评分究竟有多让人意想不到。”这一新颖的开场瞬间吸引了学员们的目光。

紧接着，大屏幕上弹出了学员实时匿名投票的页面，问题是“认为上级是 AI 仿生人的请点赞”。随着点赞数迅速攀升，很快就突破了 80%，现场气氛愈发活跃。此时，顾岩老师笑着说道：“原来在下属眼中，我比 ChatGPT 还缺乏情感模块，看来今天我得和大家一起‘重装系统’，提升一下自己了。”这番自嘲式的话语引得学员们哄堂大笑。

随后，顾岩老师发出指令：“现在，请大家解锁自己在元宇宙的分身。”学员们通过扫码进入虚拟空间后，惊讶地发现自己的数字化身形态各异。有的学员化身成八爪鱼机器人，有的则变成了发光水母，还有人呈现为旋转的莫比乌斯环。顾岩老师适时抛出问题："这些形态对应着各位上周领导力测评的隐藏维度，有谁能率先破解自己形象背后的隐喻？"现场顿时陷入一阵思考，大家纷纷观察着自己的数字化身，尝试解读其中的含义。

为了进一步深化培训内容，顾岩老师调出热门电影《流浪地球 3》的预告片片段，向学员们提问："当地球即将撞向木星时，你会选择点燃北京还是上海？"学员们通过智能手环进行实时投票，系统根据投票结果生成定制化领导力模型。当选择"点燃自己团队"的学员看到 AI 推演的灾难后果时，会议厅里响起了此起彼伏的倒吸气声。

培训结束后，相关数据令公司管理层大为震撼。此次课程内容记忆留存率相较于传统模式提升了 3 倍，83% 的学员自发在内部平台分享自己的虚拟分身形象。

成年学习者进入培训场域时，前额叶皮层会激活"知识防御模式"，这种状态类似计算机防火墙，会本能排斥说教式信息输入。传统"讲师念 PPT+ 学员记笔记"的模式，实际上是在加固这层认知屏障。培训开场暖场的本质是制造认知裂隙：

- 用幽默作为破拆锤，在心理防线上敲开情绪入口。
- 让悬念成为牵引绳，引导学员主动跨越已知与未知的边界。
- 借热点事件搭建脚手架，将抽象理论嫁接到具象经验。

当学员为解密自己的虚拟分身绞尽脑汁时，他们的大脑正在经历“程序化重启”——海马体与杏仁核建立新连接，多巴胺代替肾上腺素成为学习燃料，这种状态下的知识吸收效率，堪比光纤传输对拨号上网的降维打击。

心理学小展板　认知失调理论

心理学家费斯廷格提出的“认知失调理论”指出，当个体同时持有两种心理认知且存在矛盾时，会产生精神紧张感。这种不适感会驱动个体主动调整观念或行为，以恢复心理平衡状态，从而形成自我说服的内在动力机制。

在信息过载的时代，职场人日均接收的信息量相当于18世纪学者一生的积累，而标准化的管理理论会触发经验主义者的心理抗体，所以真正改变行为的不是知识本身，而是知识注入时的情绪温度。

掌握暖场技巧的本质，是将培训从“知识填鸭”升级为“认知疫苗接种”。就像顾岩用虚拟分身制造认知失调，当学员急于破解形象隐喻时，领导力理论的“疫苗”已悄然注入其思维系统。

暖场高手这样做

1．幽默调侃暖场

幽默调侃暖场是教育培训开场的有力手段。讲师要紧密结合课程内容和学员特点，准备富有针对性的幽默话语。

在运用幽默调侃暖场时，讲师要注意分寸，避免使用过于低俗或冒犯学员的幽默。可以结合生活中的常见场景，让幽默更具共鸣性。例如，在书法培训课上，讲师可以说：“大家刚开始练书法的时候，是不是感觉自己写的字像‘毛毛虫’，歪歪扭扭，毫无美感？今天我们就来学习怎么让这些‘毛毛虫’变成优美的‘艺术品’。”这样的幽默调侃，能让学员在欢笑中放松心情，以更积极的状态投入到学习中。

2. 制造悬念暖场

制造悬念能极大地激发学员的好奇心。讲师可以在开场时提出一个与课程内容紧密相关的悬念问题。

例如，某产品经理培训设置“需求评审密室逃脱”，学员需在45分钟内从满是错误原型的房间里找出正确交互逻辑。这极大地激起了学员的积极性和紧迫感，当警报声响起时，连上洗手间的人都小跑着返回教室。

又如，在某节编程培训课上，讲师拿着一个简单的小程序案例，问学员：“大家看这个小程序，它能实现一个非常有趣的功能：让电脑自动识别并整理你电脑里杂乱无章的文件。你们想知道它是怎么做到的吗？今天我们就来揭开这个编程‘魔法’背后的秘密。”这个悬念瞬间吸引了学员的注意力，大家纷纷猜测答案，迫不及待地想要了解接下来的课程内容。

在制造悬念时，讲师要确保悬念具有一定的吸引力和可解性。悬念不能过于简单，让学员轻易猜出答案，也不能过于复杂，使学员感到无从下手。可以通过展示一些看似简单却蕴含深意的案例、提出一个令人困惑的行业现象等方式来制造悬念。

例如，在绘画培训课上，讲师说："大家看这幅简单的素描画，画面上只有一个苹果，但却让人感觉它充满了生命力。你们知道画家是怎么做到用简单的线条和明暗对比，就能赋予物体如此鲜活的感觉的吗？今天我们就来探索绘画中的奥秘。"通过这样的悬念设置，能让学员主动思考，积极参与到课堂学习中。

3. 热点事件暖场

热点事件暖场能让课程内容更贴近学员的生活和社会现实。讲师要密切关注当下的社会热点、行业动态、科技发展等，将其与课程内容巧妙结合。例如，某新媒体运营课借用"挖呀挖"儿歌旋律，让学员改编歌词总结平台算法规则。结课时，财务部大叔哼着"在小小的账号里挖呀挖呀挖"走出教室的画面，成为企业年度经典瞬间。

又如，在健康养生培训课上，讲师可以说："最近大家都在热议的一个话题，就是如何提高免疫力，抵抗疾病。随着生活节奏的加快，人们越来越关注自身健康。今天我们就来学习一些科学的养生方法，让大家在快节奏的生活中，也能保持健康的体魄。"通过将课程与热点事件联系起来，让学员感受到知识的实用性和时代性。

在运用热点事件暖场时，讲师要确保热点事件与课程内容的关联性紧密，不能为了追求热点而强行关联。可以引导学员从热点事件中发现问题，然后通过课程学习来解决问题。例如，在新媒体运营培训课上，讲师说："最近一个网红通过独特的短视频内容，在短时间内收获了大量粉丝和商业合作。大家想不想知道他是如何策划短视频内容，吸引观众眼球的？今天我们就来深入学习新媒体运营的技巧和策略"。通过这样的方式，能让学员在关注热点事件的同时，深入学习课程知识，提高学习效果。

中场休息不冷场，开展互动小游戏

2024 年 3 月，某互联网大厂的杭州基地正在开展一场《AIGC 工具高阶应用》培训。培训进行到下午 1：30，课程陷入了瓶颈期。长时间的学习让学员们疲惫不堪，一个个昏昏欲睡。

关键时刻，培训主管卢蔷（化名）神秘兮兮地搬出三个黑箱，大声宣布："现在进入黑客时间！只要完成挑战，就能提前解锁今晚西湖光影秀的 VIP 通道！"此话一出，瞬间点燃了学员们的热情，大家纷纷打起精神。

第一个黑箱开启，里面弹出了穿戴式答题器，大屏幕上开始滚动显示 20 道快问快答题目，诸如"用 ChatGPT 生成张一鸣风格周报"之类的有趣题目，涉及 AIGC 工具的实际应用。看到题目后，一位算法工程师眼疾手快，大声喊道："第 7 题选 B！上周我刚用思维链提示词优化过这个！"他的声音经过变声器处理，变成了海绵宝宝那滑稽的音效，原本沉闷的教室瞬间爆发出一阵哄堂大笑。

紧接着，进入第二环节"AI 联想擂台"。这个环节要求学员用肢体表演关键词。当"注意力机制"这个词出现在屏幕上时，一位产品经理反应迅速，"嗖"地一下跳上桌子，左手比作望远镜，右手模拟霰弹枪射击的动作，一边比划一边解释："这就是 Transformer 在抓重点！”评委席上的CTO见状，直接举起“直接晋级卡”，这一意外之举让学员们惊讶不已。

最后，第三个黑箱打开，里面吐出带有射频芯片的工牌套。学员们需要通过对方佩戴徽章的闪烁频率来猜测其扮演的角色。运营总监陈浩（化名）佩戴的徽章每隔7秒就发出一声蜂鸣，暗示他扮演的是“每天被7个部门追杀的PM”。一位“95后”设计师反应敏捷，瞬间抢答：“你是那个在厕所画原型图的传奇！”精准的回答引得众人一阵欢呼，现场气氛愈发热烈。

在学员们挑战结束冲向餐台时，发现了更多惊喜。餐台上摆放着定制的“知识胶囊糕点”，有“卷积神经网络”饼干、“注意力机制”马卡龙、“损失函数”慕斯，每一款点心都对应着课程中的知识点。更巧妙的是，咖啡拉花上浮现出学员们上午提出的问题。一位产品助理看到自己上午提出的问题以这样独特的方式呈现，忍不住拍照发朋友圈，调侃道：“被自己的愚蠢提问香醒了。”

这场别出心裁的中场互动结束后，培训效果显著提升。更让人意外的是，那个带来欢乐的海绵宝宝音效答题器，受到学员们的热烈追捧，大家联名要求量产。

研究发现，成人集中注意力极限是有范围的，超出极限之后大脑会启动“认知节能模式”，此时强行灌输知识如同往漏水的桶里倒水。传统培训的中场休息往往加剧信息流失——学员刷手机时，上午的知识点已被大脑标记为待删除缓存。所以培训中场暖场的本质是构建记忆加固点：

- 将知识碎片封装进游戏奖励，利用即时反馈形成神经回路；
- 通过角色扮演激活镜像神经元，让抽象概念附着于具象人设；
- 用感官刺激（如特定味道）建立普鲁斯特效应，将知识点锚定在生理记忆层。

当学员咬碎“梯度下降法”曲奇时，他们的海马体正在经历一场精密手术——上午的数学公式被重新编码为多巴胺驱动的美味记忆。

心理学小展板　峰终定律

诺贝尔奖得主丹尼尔·卡尼曼提出的“峰终定律”指出，人们对一段经历的记忆由两个因素决定：体验最高峰时的感受（无论正负）和结束时的感受。中间的其余体验对记忆影响甚微，持续时间长短也不会改变整体评价。

在知识保鲜期以小时计算的时代，培训后 24 小时，学员平均遗忘 50% ~ 70% 的内容细节。午间困倦会使大脑的信息过滤机制增强。同伴互动产生的记忆锚点比讲师说教更加牢固。

掌握中场暖场技巧，相当于在遗忘曲线上打桩——当学员在游戏中对战到面红耳赤时，那些被笑声和胜负欲包裹的知识点，早已逃过海马体的清理程序。

暖场高手这样做

1. 知识问答接力

知识问答接力游戏是巩固知识、活跃气氛的有效方式。培训师要根据课程内容精心设计暖场问题，问题的难度要适中，既要有一定的挑战性，又不能让学员感到过于困难。暖场问题可以涵盖课程中的重点概念、应用技巧等方面。在分组时，要尽量保证小组间的实力均衡，以增加游戏的公平性和竞争性。

游戏开始时，培训师提出第一个问题，指定某组的一名学员回答。学员回答正确后，有权指定另一组的学员回答下一个问题。如果回答错误，该组可以有一次求助机会，向组内其他成员寻求帮助。例如，在一场市场营销培训中，问题可以是“市场定位的关键要素有哪些”“促销活动的常见策略有哪些”等。通过这种方式，学员们能在紧张有趣的氛围中，不断回顾和巩固所学的市场营销知识，同时也锻炼了团队协作能力和快速反应能力。

2. 快速联想游戏

快速联想游戏能有效激发学员的思维活力。培训师先给出一个与课程内容相关的关键词，然后限定时间，要求学员们依次快速说出与该关键词相关的词语。为了增加游戏的趣味性和难度，可以规定不能重复之前说过的词语。在游戏过程中，培训师要注意把控节奏，确保游戏快速流畅地进行。

例如，在一场历史培训课上，培训师给出关键词“工业革命”，学员们可能会依次说出“蒸汽机”“工厂制度”“城市化”“技术创新”等词语。这个游戏能够让学员们迅速调动自己的知识储备，加深对课程内容的理解和记忆，同时也能培养学员们的发散思维能力，让他们从不同角度思考课程知识点之间的联系。

3. 分小组，猜猜我是谁

“分小组，猜猜我是谁”游戏具有很强的互动性和趣味性。培训师要提前准备好一些写有与课程内容相关的场景、概念、人物等的卡片。将学员分成若干小组，每个小组轮流抽取卡片。抽到卡片的小组通过动作、表情和有限的语言描述，让其他小组猜出卡片上的内容。描述过程中不能直接说出卡片上的关键词。

在一场管理培训中，卡片内容可以是“目标管理的步骤”“团队冲突的解决方法”等。通过这个游戏，学员们能够将抽象的管理知识具象化，在表演和猜测的过程中，更好地理解和掌握管理技巧，同时也增强了学员之间的沟通和协作能力，营造出活跃的学习氛围。

4. 准备适当的餐点，暖胃又暖心

准备适当的餐点是中场休息暖场的重要环节。培训师要根据培训时间和学员的需求，选择合适的餐点。可以准备一些精致的小点心，如饼干、蛋糕、水果拼盘等，以及热饮，如咖啡、茶等。餐点的摆放位置要方便学员拿取，并且要营造出舒适的用餐环境。

在摆放餐点时，可以设置一个小型的餐台，用鲜花或装饰品进行简单

装饰，增加温馨感。以便学员们在品尝餐点的过程中，可以自然地进行交流和互动，分享学习心得和生活趣事。这不仅能满足学员的生理需求，还能让学员感受到培训方的关怀，拉近学员与培训师、学员与学员之间的距离，为后续课程的顺利开展营造良好的氛围。

课程收尾的精彩暖场

2023 年暑假，在深圳的一场备受瞩目的编程培训活动进入尾声。在《AI 少年创客营》的最后一课上，30 名青少年坐在教室里，面对屏幕上密密麻麻的代码，他们都感到了疲惫与倦怠。这时，主讲人程野（化名）启动了一项令人惊叹的全息投影技术，瞬间打破了僵局。

“注意！检测到外星病毒入侵，我们的星球危在旦夕，请立即启动终极防御程序——运用你们这七天所学 Python 编程武器，捍卫我们的世界！”程野老师话音刚落，教室仿佛被一股神秘的力量卷入了浩瀚宇宙，眨眼间切换成了星际战场。原本单调的教室中，漂浮着一颗颗陨石，每颗陨石上都闪烁着精心设计的编程题。有的题目要求学员编写循环语句，以破解陨石密码；有的则需要运用条件判断，修复太空舱的氧气系统。

14 岁的李想（化名）瞬间被这紧张刺激的氛围点燃了热情，他一边在“星际战场”中奔跑，一边大声喊道：“这个变量命名规则老师讲过！把 user_input 改成 astronaut_command！”随着他果断地按下确认键，面前的虚拟屏障轰然倒塌，大屏幕上瞬间炸开绚丽的烟花特效。更有趣的是，原本严肃的代码错误提示，此刻竟变成了令人捧腹的段子：“SyntaxError：你的括号孤独得就像火星上的祝融号。”这一巧妙的设计，让学员们的疲惫一扫而空。

成功通关的学员们顺利解锁了“创客展位”。在这个特别的展区，学员们的小程序作品纷纷化作逼真的全息投影，展示在众人面前。陈小雨（化名）创作的“AI 宠物狗”栩栩如生，在各个展台间欢快地乱窜，还不时吐出一串串彩虹般的代码，引得周围的学员们阵阵惊叹。张子轩（化名）的“校园霸凌预警器”更是引起了广泛关注，不仅在现场备受好评，还被公安局官方微博转发。张子轩的父亲激动不已，满含骄傲地说道：“这是我儿子做的‘电子侠客’，他用自己的智慧守护着校园的安全。”

在结业环节，主讲人同样别出心裁。结业证书不再是传统的纸质样式，而是摇身一变，成为可交互的 AR 卡片。当学员们用手机扫描卡片时，虚拟导师立刻跃然眼前，以一段节奏明快的说唱总结课程重点：“变量就像小书包，数据类型装装好。循环别当复读机，缩进对齐要记牢！”当孩子们兴奋地挥动手中的证书时，意想不到的惊喜出现了——整个教室仿佛下起了一场流动的二进制代码雨，星星点点的代码闪烁着光芒，将结业的氛围推向了高潮。

学习结束前的 15 分钟是记忆的“黄金刻录期”，此时大脑的海马体与皮层神经元处于高度协同状态。传统培训的“总结 PPT+ 合影”模式，相当于在钻石上蒙了层保鲜膜。所以课程收尾暖场的核心是制造认知闭环：

- 将零散知识点编织成游戏关卡，利用情境重现强化神经回路。

- 通过作品具象化学习成果，激活基底神经节的奖赏机制。
- 用超常规的结业仪式制造情绪巅峰，借助“高峰体验”完成知识封印。

当孩子们在代码雨中尖叫时，他们的镜像神经元正在疯狂工作——那些原本抽象的编程概念，已随着多巴胺的喷发融入肌肉记忆，这种烙印深度远超被动复习 10 小时的效果。

心理学小展板 **自我参照效应**

心理学中的“自我参照效应”表明，当信息与个体自身经历或特质相关联时，记忆编码和提取效率会显著提升。与自我相关的内容会激活大脑内侧前额叶皮层，形成更深刻持久的记忆痕迹。

掌握收尾技巧的本质，是把培训从“教完即止”升级为“终身烙印”。就像上述案例中的学员把语法错误当作社交货币，当知识被赋予情感价值和社交属性时，它就获得了自我繁殖的生命力。

暖场高手这样做

1. 知识回顾游戏：巩固学习成果

知识回顾游戏是课程收尾时巩固知识的有效手段。培训师要根据课程内容设计多样化的游戏形式。可以采用知识竞赛的方式，将学员分成小组，设置必答题、抢答题和风险题。必答题涵盖课程中的基础知识点，确保学员掌握核心内容；抢答题考验学员的反应速度和对知识的熟悉程度；风险题则设置不同分值，让学员根据自身对知识的掌握情况选择，增加游戏的挑战性和趣味性。

例如，在一场计算机编程培训中，必答题可以是“请简述 Python 中列表和元组的区别”，抢答题如“在 Java 语言中，实现多态的方式有哪些”，风险题可以是“设计一个程序，实现用户输入数字，判断其是否为质数，并输出结果，分值越高，对程序的优化要求越高”。培训师还可以准备一些小奖品，如定制的书签、笔记本等，奖励给表现优秀的小组或学员，激发学员参与的积极性。通过知识回顾游戏，学员们在竞争与合作中，对课程知识进行了全面回顾和巩固，提升了学习效果。

2. 学生作品展示与分享：增强成就感

学生作品展示与分享环节能极大地增强学员的成就感。培训师要提前鼓励学员准备自己的作品，并为作品展示创造良好条件。可以设置专门的展示场地，配备投影仪、展示架等设备，让学员能够清晰地展示作品。在展示过程中，给予学员足够的时间进行讲解，分享作品的创作思路、过程和心得体会。

例如，在一场绘画培训中，学员们可以展示自己的绘画作品，介绍自己运用的绘画技巧、色彩搭配以及想要表达的情感。其他学员认真倾听，并进行提问和交流。培训师要及时给予肯定和鼓励，对作品的优点进行表扬，同时提出建设性的意见。一些优秀作品，可以在培训场地或线上学习平台进行展示，让更多人欣赏，进一步增强学员的成就感和自信心。通过这个环节，学员们相互学习，拓宽了视野，激发了继续学习和创作的热情。

3. 课程总结的趣味方式：留下深刻印象

课程总结采用趣味方式能让学员更好地记住课程要点。培训师可以将课程重点内容编成故事、歌曲、顺口溜等形式。例如，在一场历史培训课上，培训师把重要历史事件和人物编成一个有趣的故事，在故事中巧妙地融入历史知识，如“在古代的一个繁华国度，有一位英明的君主，他推行了一系列改革，像统一度量衡、修筑长城等，让国家变得更加强大，这位君主就是秦始皇”。

还可以利用多媒体手段进行趣味总结，例如，制作一段包含课程关键知识点的动画视频，通过生动的画面和简洁的文字，让学员轻松理解和记忆。或者开展一场知识问答接龙游戏，培训师说出一个课程知识点，学员接着这个知识点进行拓展回答，依次类推，在轻松愉快的氛围中完成课程总结。通过这些趣味方式，能够避免传统总结的枯燥，让学员在欢乐中加深对课程内容的理解和记忆，为课程画上一个精彩的句号。

第九章

暖场道具

——日常物品的神奇变身

美食饮品是聚会的好搭档

2025年3月，一家知名互联网企业的上海分部刚经历连续三周的高强度项目，员工们疲惫不堪。为了重振团队士气，活跃团队氛围，HR总监苏晴（化名）精心策划了一场别出心裁的“春日盲盒茶歇”活动。

活动当天，每人都收到一枚精心设计的樱花形磁吸胸针，胸针背面印着独特的“味觉密码”，内容丰富多样，有的写着“抹茶·微苦”，有的是“莓果·酸甜”，还有“薄荷·清凉”等。这小小的胸针瞬间勾起了大家的好奇心，满怀期待地走向茶歇区。

茶歇台上，陈列着各式各样的“解谜糕点”。圆润可爱的抹茶麻薯，表面刻着与项目进度相关的暗号；精致的莓果塔，夹层里藏着团队协作的金句。数据分析师王浩（化名）拿起一枚抹茶麻薯，轻轻咬开，发现内馅的纸条上写着“你的代码像抹茶一样丝滑”。这有趣的话语瞬间引发了全场的“解码竞赛”，员工们纷纷拿起糕点，仔细研究。更令人叫绝的，是行政部门的创意之举——将公司新推出的AI产品卖点做成“可食用二维码”。只见小巧的曲奇上，巧克力纹路构成独特的二维码图案，员工们只需用手机扫描，就能解锁产品的内测彩蛋，大家在品尝美食的同时，也对公司的新产品有了更深入的了解和期待。

饮品区则被打造成了“感官实验室”。春季限定的樱花气泡水，搭配着 AR 互动杯垫，只要轻轻触碰杯壁，团队成员的匿名留言便会浮现出来，为大家带来意想不到的惊喜。定制版的“情绪咖啡”借助 AI 技术，分析员工近一周的日程安排，为不同状态的员工推荐最适宜的饮品。比如为承受高压的员工，推荐椰香拿铁，以舒缓紧张的情绪；为创意岗位的员工，特调柑橘冷萃，激发创作灵感。产品经理小林（化名）手举着印有“压力值归零”字样的特饮说道：“这杯咖啡比我上周的周报还有存在感！”引得周围同事纷纷侧目。

活动结束后的调研结果令人惊喜——高达 92% 的参与者主动发起跨部门协作邀约，打破了以往部门间的壁垒，促进了团队间的融合与合作。75% 的员工将茶歇中的精彩瞬间照片设为社交平台头像，无形之中为公司的文化活动做了宣传。

人类对食物的感知是全通道记忆编码：味觉刺激杏仁核产生情绪记忆，嗅觉激活海马体形成场景关联，触觉（如手握温杯）则强化前额叶的情景认知。传统暖场道具如桌游、徽章仅触发单一感官，而美食饮品能同步调动五感，在潜意识中建立“愉悦感—社交行为—场景记忆”的神经链接。

在团队场景中，共食行为能触发远古部落的归属本能，降低人际防御阈值，而风味互动（如调配饮品）能创造非语言沟通的契机，缓解社交尴尬，季节限定元素（如樱花、桂花）则是利用稀缺性原理激发参与欲。

心理学小展板 **感官特异性效应**

感官特异性效应是指在记忆、学习和认知等过程中，信息通过特定感官通道呈现时，会在相应的感官记忆系统中形成独特的表征，当后续需要提取或处理该信息时，与最初呈现信息相同的感官通道能更有效地激活这些表征，从而提高认知效率和表现。

在远程办公常态化的当下，很多职场人坦言“已忘记同事的饮食习惯”，碎片化沟通导致团队共情力下降，传统破冰游戏易引发表演压力，而美食饮品借助感官特异性效应，能够通过共享体验重建情感连接。掌握运用美食饮品作为暖场道具的技巧，相当于为冷启动的社交引擎注入润滑剂——当抹茶的微苦与项目的坎坷产生味觉通感时，那些曾经避而不谈的协作痛点，已随着甜品叉的碰撞悄然消解在聚会活动中。

暖场高手这样做

1．选择适合大众口味的特色小吃

选择适合大众口味的特色小吃是暖场的关键一步。不同人有不同的饮食偏好，所以提供多样化的小吃十分必要。像油炸类的薯条和鸡翅，金黄酥脆的口感向来广受欢迎，能迅速勾起大家的食欲。它们方便拿取，大家可以一边交流一边享用，无论是在轻松的下午茶聚会，还是较为正式的公司活动开场，都能活跃气氛。

中式的小笼包同样是绝佳选择。这种传统美食不仅符合大众口味，还具有文化特色，能为职场聚会增添别样韵味，尤其适合在庆祝传统节日或公司重要节点时推出。

考虑到素食者的需求，一些素食小吃同样不可或缺。如，凉拌黄瓜，清炒时蔬等，为素食者提供丰富选择，体现组织者对大家的关怀。

在选择特色小吃时，食材的新鲜度和卫生情况务必重视。例如，制作春卷时，要选用新鲜蔬菜，这样做出的春卷口感才好，且能保障食品安全。此外，尝试引入一些地方特色小吃能为聚会增色不少。例如，四川的麻辣兔头，其独特的麻辣风味能为聚会带来刺激与新鲜感，不过要注意提供微辣、中辣等多种辣度选择，满足不同参与者对辣味的接受程度。

在摆放小吃时，注意美观与方便拿取需兼顾。暖场者可以将水果串成水果塔，用色彩鲜艳的草莓、香蕉、葡萄等搭配，既好看又便于大家自行取用。将糕点摆成花朵形状，如用豆沙馅的小点心拼成玫瑰模样，营造精致的聚会氛围。同时，要准备足够的餐具和纸巾，确保大家能舒适地品尝美食。

2. 根据场合和季节选择饮品

根据场合选择饮品至关重要。在正式的商务聚会上，比如暖场者与重要客户洽谈合作后的聚餐，准备高档的红酒、咖啡等饮品能体现聚会的档次与品味。红酒的优雅口感和独特香气，能营造出轻松而不失庄重的氛围，有助于拉近与客户的距离，促进业务交流。咖啡的浓郁香气则能提神醒脑，在交流过程中让大家保持清醒，以便更好地沟通想法。

家庭聚会般温馨的职场团建活动中，果汁、奶茶等饮品更为合适。果汁富含维生素，新鲜美味，适合各个年龄段的参与者。鲜榨的橙汁、苹果汁，保留水果原本的清甜与营养，为员工带来清爽体验。奶茶香甜可口，温暖人心，像珍珠奶茶、芋泥奶茶等，能为团建增添温馨氛围，让大家在放松的环境中增进彼此感情。

季节也是选择饮品时的重要考量因素。炎热的夏季，清凉解暑的饮品必不可少，如冰镇西瓜汁、绿豆汤、酸梅汤等。

表 7　不同场合可供选择的小吃

分类	具体小吃	特点	适用场景
油炸类	薯条、鸡翅	金黄酥脆，方便拿取，能勾起食欲	轻松下午茶聚会、正式公司活动开场
中式传统	小笼包	符合大众口味，具有文化特色	传统节日庆祝、公司重要节点
素食类	凉拌黄瓜、清炒时蔬	为素食者提供选择，体现关怀	各类聚会
地方特色	四川麻辣兔头	独特麻辣风味，为聚会增添刺激新鲜感	各类聚会
通用	水果串、糕点	色彩鲜艳，美观精致，便于取用	各类聚会

寒冷的冬季，热巧克力、姜茶、红枣桂圆茶等热饮则能带来温暖。热巧克力浓郁丝滑，倒入精致的马克杯中，让员工在寒冷冬日感受到甜蜜与温暖；姜茶驱寒保暖，对抵御寒冷很有帮助；红枣桂圆茶，散发着香甜气息，补血养颜，适合女性。

在饮品的容器选择上，也要贴合场合和季节。夏季使用透明的玻璃容器，搭配冰块和新鲜水果装饰，如在装有西瓜汁的杯子里放入一片柠檬和薄荷叶，看起来清爽宜人，更增添夏日氛围。冬季则适合使用保温杯或陶瓷杯，能保持饮品温度，让大家长时间享受温暖饮品，无论是在户外团建还是室内聚会，都能提供舒适体验。

游戏玩具瞬间拉进距离

某大型互联网企业数字农业事业部在杭州举办全国农产品供应商峰会。300 多位来自偏远地区的传统农户客户齐聚一堂，活动开场前，方言交织的交谈声中弥漫着尴尬。主持人敏锐捕捉到这一氛围，适时亮出一副特制竹编扑克牌："各位老乡，咱们先来玩把'方言斗地主'，赢家能优先选今晚的直播带货时段！"

每张牌面都印着农产品图标和方言谐音梗。贵州茶农李大山（化名）甩出"折耳根炸弹"，操着浓重口音说道："你们浙江人喝龙井像喝汤，我们贵州'茶'字读作'发财'的'财'！"满场哄笑中，宁夏枸杞商王姐（化名）用"红果顺子"反击："阿拉上海宁叫枸杞'红宝石'，侬晓得伐？"方言梗与农产品知识的碰撞，让原本严肃的商务洽谈桌瞬间变成了热闹的乡村茶馆。茶农展示着炒制工艺，果商分享着储存秘诀，不同地域的文化隔阂在牌局互动中悄然消融。

这场别开生面的游戏破冰成效显著，签约率提升至 92%，更催生出"方言扑克供应链"等 12 个衍生项目。三个月后，那副承载着各地农户智慧与情谊的竹编扑克，成为乡村振兴道路上的一段佳话。

人类学研究表明，玩具本质是社交货币铸造器。当成年人重拾游戏本能时，会激活大脑的腹侧被盖区，释放的多巴胺，有效抑制社交恐惧杏仁核的活动。可见，游戏玩具能够迅速打破人与人之间的隔阂，营造轻松愉快的氛围。游戏具有天然的趣味性和互动性，当人们参与游戏时，会不自觉地投入其中，忘却陌生感和拘谨。通过游戏，人们有了共同的话题和目标，在互动过程中交流想法、分享经验，增进彼此的了解和信任。

心理学小展板 **自我表露理论**

自我表露理论指的是：个体向他人透露自己的个人信息、想法、感受和经历等，是一个自愿且有选择性的过程，通过自我表露，个体试图在人际关系中建立更深层次的连接和理解。

人际关系的发展是通过渐进式自我表露实现的。游戏创造的“安全暴露区间”，允许参与者在娱乐中自然流露真实性格与能力层级。玩具作为“表露加速器”，能缩短陌生人从表面沟通到核心交流的时间周期。

根据不同场合和人群选择合适的游戏玩具，能体现暖场者的用心和细心，提升活动的品质。游戏玩具还可以作为社交的桥梁，帮助人们更好地交流和互动，增进彼此之间的感情。

暖场高手这样做

1. 最通用的暖场神器——扑克牌

扑克牌是一种极为通用的暖场神器，它携带方便，玩法多样。在办公室的短暂休息时间，同事们可以围坐在一起玩简单的“抽乌龟”游戏：每人抽取一张牌，将手中成对的牌丢弃，最后持有单牌（乌龟牌）的人即为输家。这个游戏节奏明快，充满趣味性，能让大家在轻松的氛围中欢笑不断，缓解工作压力。

扑克牌还可以用于一些策略性游戏，如“三国杀”，玩家通过扮演不同的角色，运用策略和智慧进行游戏。在游戏过程中，大家相互交流、斗智斗勇，增进了彼此的了解和团队协作能力。

2. 网红桌游不可少

网红桌游在暖场方面具有独特的魅力。像“谁是卧底”桌游，玩家们抽取词语卡片，通过描述词语来找出卧底。这个游戏考验玩家的语言表达能力和观察力，不同的描述方式常常引发大家的笑声和讨论。在公司团队建设活动中，大家围坐在一起玩“谁是卧底”，既能放松身心，又能增进同事之间的沟通和了解。

桌游“大富翁”也是不错的选择。玩家通过掷骰子前进，购买土地、建造房屋等，在游戏过程中进行交易和竞争。这个游戏适合多人参与，能培养玩家的策略思维和经济意识。在家庭聚会或朋友聚会中，大家一起玩“大富翁”，能在轻松愉快的氛围中享受游戏的乐趣，加深彼此的感情。

网红桌游不断推陈出新，如“UNO”牌，以其简单易上手的规则和丰富的策略性，受到广泛欢迎。玩家需要根据场上已出的牌，在自己手中的牌中选择匹配的牌打出，最后先出完牌的玩家获胜。这种桌游能让不同年龄、不同背景的人迅速融入游戏，拉近距离。

3. 户外活动，飞盘不可少

在户外活动中，飞盘是绝佳的暖场道具。飞盘运动简单易学，适合各个年龄段的人参与。在公司的户外拓展活动中，可以组织飞盘接力比赛。将员工分成若干小组，每组队员依次传递飞盘，最先完成接力的小组获胜。在比赛过程中，队员们需要密切配合，相互信任，这不仅能增强团队凝聚力，还能让大家在运动中释放压力，享受户外运动的乐趣。

飞盘高尔夫也是一种有趣的玩法。在草地上设置多个目标洞，玩家从起点出发，用飞盘将其投入目标洞中，以最少的投掷次数完成游戏的玩家获胜。这种玩法既考验玩家的投掷技巧，又能让大家在自然环境中享受探索的乐趣。在公园聚会或野餐活动中，家长们可以和孩子们一起玩飞盘，增进亲子关系。飞盘还可以用于一些创意游戏，如飞盘涂鸦，大家可以在飞盘上自由创作，然后进行飞盘投掷比赛，增加活动的趣味性和互动性。

4. 泡泡机是小朋友的最爱

泡泡机对于小朋友来说具有极大的吸引力。在亲子活动、儿童生日派对等场合，泡泡机能够营造出梦幻般的氛围。五彩斑斓的泡泡在空中飞舞，小朋友们会兴奋地追逐着，笑声不断，家长们也可以参与其中，和孩子们一起感受泡泡带来的欢乐。在幼儿园的户外活动中，老师可以利用泡泡机组织游戏，如“泡泡接力赛”，让小朋友们分组追逐泡泡，用手接住泡泡后传递给下一位小朋友，培养小朋友们的团队协作能力和运动能力。

泡泡机还可以和其他游戏结合，如“泡泡捉迷藏”。在场地中布满泡泡，小朋友们在泡泡的掩护下进行捉迷藏，增加游戏的趣味性和挑战性。泡泡机不仅能让小朋友们玩得开心，还能让大人们回忆起童年的美好时光，促进亲子之间、师生之间以及小朋友之间的交流和互动，让活动充满温馨和欢乐的氛围。

「随身道具妙用百科」

在一个宁静的秋日，一所学校组织了一场教师培训活动。培训的目的是促进教师之间的交流与合作，提升教学团队的凝聚力。活动现场，培训师发现教师们之间有些拘谨，为了打破这种沉闷的氛围，培训师决定利用随身道具来活跃气氛。

培训师拿出一支普通的钢笔，开始展示它的新玩法。她将钢笔放在桌面上，用手指有节奏地敲击，发出清脆的声音，瞬间吸引了教师们的注意力。随后，她邀请几位教师一起参与，大家按照培训师的节奏，用钢笔在桌面上敲击，形成了一段简单而有趣的节奏旋律。数学老师张老师笑着说："没想到一支钢笔还能这么玩，感觉像回到了学生时代的音乐课。"在欢快的节奏中，教师们的笑容渐渐多了起来，彼此之间的距离也拉近了。

接着，培训师拿起一张纸巾，开始展示纸巾折玫瑰的技巧。她动作娴熟地将纸巾折叠、翻转，不一会儿，一朵栩栩如生的纸玫瑰便出现在大家眼前。教师们纷纷围拢过来，好奇地学习。语文老师李老师认真地跟着步骤操作，成功折出了一朵玫瑰，兴奋地说："这个技能太实用了，以后可以教给学生，给他们的学习生活增添一些浪漫。"教师们相互交流着折纸的技巧，分享着自己的经验，现场充满了温馨的氛围。

培训师又从口袋里拿出一些小道具，如迷你魔方、卡通钥匙扣等。她将这些小道具分给教师们，让大家围绕小道具展开交流。一位教师拿着迷你魔方，分享自己曾经参加魔方比赛的经历；另一位教师则对着卡通钥匙扣，讲述它背后的有趣故事。这些小道具成为了开启社交话题的钥匙，让原本不太熟悉的教师们有了共同话题，交流变得更加顺畅。这场培训活动因为这些随身道具的巧妙运用，取得了圆满成功，教师们不仅学到了专业知识，还增进了彼此之间的感情。

暖场者可以随身携带一些随时可用的便携式道具，这样能瞬间吸引人们的注意力，打破冷场局面。道具能够激发人们的好奇心和参与热情，让大家迅速融入到活动氛围中。通过对随身道具的操作和互动，人们有了共同的关注点和话题，促进了彼此之间的交流与沟通。在交流过程中，人们分享经验、展示技能，增进了彼此的了解和信任。

心理学小展板

社会认同效应

社会认同效应是指个体在社会环境中，会倾向于根据他人的行为、态度和选择来调整自己的行为和判断，以获得社会认同和归属感。

熟练运用随身道具暖场技巧，能够灵活应对各种场合，巧妙地利用身边常见的物品，迅速调动现场气氛。随身道具暖场技巧可以根据不同场合和人群进行调整，具有很强的适应性。对于活动组织者或主持人而言，掌握这些技巧能展示自己的创意和应变能力，提升活动的品质。

暖场高手这样做

1. 钢笔新玩法：桌面节奏乐器，增添乐趣

钢笔作为常见的随身文具，有着独特的暖场玩法。在办公室休息时间，同事们可以围坐在一起，进行“钢笔节奏挑战”。先由一人用钢笔在桌面上敲击出一段简单的节奏，如“哒哒哒、哒哒”，然后下一个人需要模仿这段节奏，并且在此基础上增加一个新的节奏元素，如“哒哒哒、哒哒、哒、哒哒”。随着节奏的不断叠加和变化，游戏难度逐渐增加，趣味性也越来越强。在这个过程中，大家专注于节奏的模仿和创新，欢声笑语不断，能有效缓解工作压力，增进同事之间的感情。

钢笔还可以在聚会场合用来进行“钢笔交响乐”表演。参与者分成若干小组，每个小组负责敲击不同的节奏，如一组敲快节奏，一组敲慢节奏，一组敲重音节奏等。通过小组之间的配合，演奏一段丰富多样的节奏交响乐。这种玩法不仅考验个人的节奏感，更强调团队协作，能让参与者在欢乐中提升团队凝聚力。

2. 纸巾巧利用：折玫瑰教学，传递美好

纸巾折玫瑰是一种简单而又充满浪漫气息的随身道具玩法。在亲子活动中，家长可以和孩子一起学习折玫瑰。家长先向孩子展示如何将纸巾折

叠成花瓣形状，然后引导孩子自己动手操作。在这个过程中，家长和孩子亲密合作，交流折纸的技巧和心得，增进了亲子关系。孩子折好玫瑰后，可以送给自己的小伙伴或长辈，传递美好的情感。

在社交场合，如朋友聚会、生日派对等，也可以开展纸巾折玫瑰活动。主人准备好足够的纸巾，邀请大家一起学习，大家折好玫瑰后，可以将玫瑰作为礼物相互赠送，表达祝福和关爱。

第十章

暖场升华

——用心理学原理让气氛热到发烫

用好互惠原则，让对方感受善意

在一个阳光明媚的周末，某社区精心筹备了一场亲子运动会，旨在促进邻里间的交流与互动，增强社区凝聚力。

活动开始前，工作人员在入口处为每一位前来参加运动会的家庭发放了一份精美的小礼品，里面有定制的运动手环、印有社区标志的徽章以及一些小零食。家长和孩子们接过礼品时，脸上洋溢着惊喜与感激。这一举动瞬间拉近了社区与居民之间的距离，让大家对活动充满期待。

运动会过程中，社区志愿者们积极为参赛家庭提供帮助。当有小朋友在比赛中摔倒时，志愿者迅速上前关心，帮忙清理伤口并送上创可贴，同时给予鼓励的话语。在亲子接力比赛环节，工作人员主动为参赛家庭拍照，记录下他们的精彩瞬间。比赛结束后，工作人员将这些照片打印出来，免费送给各个家庭。

社区里的张阿姨一家在活动中感受到了诸多温暖——她的小孙子在跑步比赛中不小心摔倒，膝盖擦破了皮，正当张阿姨有些着急时，志愿者及时出现。小孙子得到悉心照顾后，很快又恢复了活力，继续投入到后续的比赛中。活动结束后，张阿姨收到了工作人员送来的照片，照片上记录着小孙子在比赛中的可爱模样，她十分感动。

张阿姨主动对工作人员说："这次活动办得太好了，你们这么用心，以后社区再有什么活动，我们肯定积极参加，能帮上忙的地方我们也义不容辞。"

其他家庭也有类似的感受，大家纷纷表示，社区如此用心地为大家举办活动，还给予这么多帮助，自己也应该为社区贡献一份力量。原本陌生的邻里之间，因为这场活动变得亲近起来，大家相互交流育儿经验、生活趣事，社区的氛围变得格外和谐融洽。

互惠原则在暖场中如同情感杠杆，它能消除防御，无偿给予能打破"推销—抗拒"的心理对立，并制造记忆锚点。组织者让出的小利有助于形成情感关联，而且还能触发链式反应，接受善意者会主动成为新善意的传播节点。这种策略的高明在于让温暖成为流通货币，使每个参与者既是受益者又是施予者。

心理学小展板 **互惠原理**

互惠原理是心理学中重要的理论。它指的是：人们天然倾向于回报他人给予的恩惠、礼物或帮助，即使这种回报超出最初所得。

罗伯特·西奥迪尼在《影响力》中指出，人类潜意识中存在"给予—回报"本能。当别人接受小礼物或贴心服务时，会产生补偿心理压力，从而更易做出让步和接纳，这就是互惠原理。

在活动组织中，掌握互惠原则暖场技巧至关重要。若活动缺乏有效的暖场手段，参与者可能会感到冷漠、疏离，活动氛围难以活跃起来。而熟练运用互惠原则，能够巧妙地激发参与者的热情，让他们主动融入活动。该技巧具有很强的适应性，可根据不同活动场景和人群特点进行灵活调整。对于活动组织者而言，掌握此技巧能展示其组织能力和对参与者的关怀，提升活动的品质。

暖场高手这样做

1．先给后取，巧妙表达自己的想法

在活动中，组织者可以先给予参与者一些关照和爱护，如一份精美的小礼品、一句贴心的问候、一次及时的帮助等。

在学校举办的家长会上，老师可以在家长们入场时，为他们送上一杯热茶，并附上一张写有温馨话语的便签，如“感谢您一直以来对学校工作的支持，希望今天的家长会能让您有所收获”。家长们接过热茶和便签，内心会涌起一股暖流，对老师和学校的好感倍增。此时，老师再提出一些需要家长配合的事项，如在家督促孩子完成作业、多与孩子沟通交流等，家长们会更愿意接受并积极配合。

在社区组织的环保活动中，工作人员可以在活动开始前，为居民发放环保垃圾袋和手套，并介绍环保的重要性。居民们收到这些物品后，会更愿意参与到后续的环保行动中，如清理社区垃圾、宣传环保知识等。通过

先给予，让参与者感受到善意，当组织者再提出自己的想法和期望时，参与者会更积极地响应，从而更好地推动活动的开展，实现活动目标。

2. 赞美狙击，不忘后续引导

赞美是一种强大的社交武器，在暖场中运用赞美狙击技巧能迅速拉近与参与者的距离。在一场职场新人培训活动中，培训师可以在开场时，对新人们的优点进行赞美。例如，“我注意到在座的各位新人，在面试过程中展现出了非凡的创造力和积极向上的态度。像小李，在回答问题时提出的新颖观点，

表 8 可供选择的赞美方法

赞美方法	具体内容	举例	效果
具体描述行为	详细指出下属工作中的亮点和具体行为	这次方案里你用数据对比的呈现方式，让客户一眼抓住重点，效率提高了 30%，这个巧思太值得借鉴了！	让赞美更具说服力，让下属知道自己的哪些行为被认可
关联个人价值	将工作成果与下属的个人特质相联系，强调其对团队的独特价值	多亏你沟通时的耐心和亲和力，才让原本抗拒的客户改变态度，这种人格魅力就是团队的宝藏！	满足下属自我实现的需求，增强其对团队的归属感
公开场合认可	在例会、团队群聊等公开场合表扬下属	今天必须点名表扬小李，主动加班整理的行业报告，连老板都专门发邮件夸奖，这就是榜样力量！	极大满足下属的荣誉感，激励其他团队成员
表达信任期待	通过表达信任传递对下属未来的期许	上次项目你主导得超出色，下次季度策划案交给你，我完全放心！	让下属感受到被重视与信赖，激发其持续努力的动力

让人眼前一亮；小王在小组讨论中，积极协调，展现出了出色的团队协作能力。”新人们听到这样的赞美，会感到备受重视，自信心增强。

当然，赞美之后也不能忘记后续引导。培训师接着可以说：“正是因为大家拥有这些优秀品质，所以我相信在接下来的培训中，大家一定能快速掌握工作技能，在各自的岗位上发光发热。现在，让我们一起进入今天的培训课程，看看我们应该如何将这些优势更好地运用到实际工作中。”通过这样的引导，将赞美与活动主题紧密相连，让参与者在愉悦的氛围中，更积极地投入到培训学习中。

在社交聚会中，主人可以赞美客人的穿着、才艺等，然后引导大家围绕共同的兴趣爱好展开交流，如：“您这身穿搭太有品位了，一看就对时尚很有研究。我们今天正好有个关于时尚潮流的话题讨论，您肯定能给大家分享很多独到的见解。”这样就可以活跃聚会气氛，促进参与者之间的交流。

「制造从众效应，引发“从众幻觉”」

在一座历史文化名城，当地的艺术博物馆举办了一场名为“百年艺术瑰宝展”的大型展览，展出了众多珍贵的艺术作品。展览初期，观众数量并不理想，场馆内稍显冷清。为了改变这一状况，展览策划团队决定运用制造从众效应的策略来提升人气。

展览方在入口处设置了一个大型的电子展示屏，上面滚动播放着该展览在过去几年举办时的精彩瞬间和热烈场面。屏幕上，曾经的展览现场人头攒动，观众们满怀热情地欣赏着展品，不时发出阵阵惊叹和赞美。这些历史高光时刻的展示，给前来参观的观众一种强烈的视觉冲击，仿佛在暗示他们：这是一场不容错过的艺术盛宴，无数人都曾为之着迷。

同时，展览方还巧妙地利用数据暗示。在展览的宣传册以及场馆内的各个角落，都能看到一些精心设计的数据展示。例如，“超过80% 的观众表示这是他们今年看过最震撼的展览”“已有数千名艺术爱好者前来打卡”等。当新观众看到这些数据时，心中不禁会产生一种想法：既然这么多人都认为这个展览很棒，那我也不能错过。

一位原本只是路过、抱着随便看看的心态的李女士，在看到入口处滚动播放的历史高光视频后，被那些热烈的场景所吸引，随后又看到宣传册上的各种数据暗示，于是决定走进场馆一探究竟。进入场馆后，她发现每个展厅都有不少观众，大家都在认真地欣赏展品，还不时交流着自己的感受。在这种氛围的影响下，李女士也不由自主地沉浸其中，仔细品味每一件作品。

她感慨地说："看到这么多人都这么投入地参观，我也被感染了，感觉这里真的有很多值得挖掘的艺术魅力。"随着越来越多像李女士这样的观众被吸引进来，展览的人气逐渐高涨，场馆内充满了浓厚的艺术氛围，实现了从门可罗雀到门庭若市的转变。

从众效应的本质是群体安全感的经济化表达。当个体处于不确定的情境时，大脑杏仁核会优先捕捉"多数人选择"作为决策捷径，这种机制在暖场中可实现三重转化：一是降低决策成本，通过展示历史选择或实时数据，将抽象信任转化为可视化的行动指南；二是塑造群体归属，虚拟观众声效、勋章等道具，让参与者自觉融入"文化传承者"的想象共同体；三是激发竞争意识，触发"害怕错过"的心理博弈。

心理学小展板 **从众效应**

从众效应指个体在群体压力或信息暗示下，倾向于调整自身行为以符合多数人选择的心理现象，其深层机制源于进化心理学中的"安全跟随策略"——在资源有限且风险未知的环境中，模仿多数派行为可提高生存概率。该效应强度受群体规模、权威背书和环境渲染度三重影响。

在活动组织中，若开场平淡，缺乏吸引力，活动可能无法达到预期效果。此时，制造从众效应能够巧妙地调动人们的积极性，让活动迅速热场。对于活动组织者而言，掌握此技巧能展示其策划能力和对氛围的把控能力，提升活动品质。通过制造从众效应，活动组织者能够吸引更多人参与活动，增强活动的影响力，为参与者带来更好的体验，促进活动目标的顺利实现。

暖场高手这样做

1．展示历史高光，虚拟观众效应

在各类活动中，展示历史高光时刻是制造从众效应的有效手段。对于一场校园运动会，学校可以在操场边设置展板，展示往届运动会上运动员们的精彩瞬间，如打破纪录的冲刺时刻、团队夺冠的欢呼场景等。新的运动员看到这些历史高光，会受到鼓舞，激发斗志，也让观众们对比赛充满期待，仿佛置身于一场备受瞩目的体育盛会中。

在一场文艺演出前，主办方可以通过大屏幕播放以往演出的精彩片段，展示那些赢得观众热烈掌声和欢呼声的表演。当观众看到这些精彩瞬间时，会对即将开始的演出充满信心，认为这将是一场高水平的演出，从而更愿意投入到观看中。通过展示历史高光，营造出一种虚拟观众效应，让新的参与者感觉自己正在参与一场备受欢迎的活动，进而积极融入其中，提升活动的氛围和参与度。

2. 利用数据暗示巧妙引导

利用数据暗示可以潜移默化地影响人们的行为。在一场健康讲座中，讲师可以在开场时提到：“根据我们的调查，90% 的参与者在听完讲座后，都成功改善了自己的生活习惯，提高了健康水平。”听到这样的数据，听众会对讲座的内容产生信任，认为参与这场讲座很有价值，从而更认真地听讲。

「找到记忆点，并设计公式」

一个宁静的古镇举办了一场别开生面的传统文化体验活动。活动现场，主办方精心设计了一系列环节，致力于为参与者打造深刻的记忆点。

活动伊始，参与者一踏入充满古韵的场地，便被一阵悠扬的丝竹乐声环绕。随着音乐，大家看到身着传统服饰的舞者翩翩起舞，绚丽的色彩和灵动的舞姿带来强烈的视觉冲击。空气中弥漫着淡淡的檀香，嗅觉的独特体验让人心神宁静。在手工制作区，参与者亲手触摸传统纸张和布料，感受它们的质地，通过触觉加深对传统文化的感知。当参与者品尝到传统茶点时，味觉也被充分调动起来。

在学习传统礼仪环节，参与者穿上汉服，在专业老师的指导下，进行庄重的揖礼仪式。每个人都认真投入，这种仪式让他们对传统文化的敬意油然而生。

接着，一位老工匠坐在角落，讲述着古镇传统手工艺品的制作故事。他回忆着先辈们如何在艰苦的环境中传承技艺，每一个故事的细节在他的讲述下仿佛都历历在目。例如讲述制作传统木雕时，工匠详细描述了先辈们如何在昏暗的灯光下，用粗糙的双手精心雕琢每一块木头，只为呈现出最完美的作品。参与者们围坐在一起听得入神，仿佛穿越时空，亲眼目睹了那段传承的历史。

这场活动结束后，参与者们对传统文化有了更深刻的理解和记忆。许多人表示，活动中的每一个环节都深深印在脑海中，让他们对传统文化的热爱愈发浓厚。一位参与者感慨道："这次活动太难忘了，那些声音、画面、故事，都让我真正感受到了传统文化的魅力。"

找到记忆点能让一场活动在众多信息中脱颖而出，给参与者留下深刻印象。当参与者对活动有清晰的记忆点时，他们更容易将活动内容与自身情感建立联系，增强对活动的认同感。记忆点可以成为参与者在活动结束后与他人分享的话题，通过口碑传播扩大活动影响力。记忆点能帮助参与者更好地理解和吸收活动所传达的信息、理念或文化，促进知识的传递与文化的传承。例如在商业活动中，独特的记忆点可以提升品牌形象，吸引消费者；在文化活动中，记忆点能让传统文化深入人心，激发人们对文化的探索欲望。

心理学小展板

双重编码理论

心理学中的双重编码理论指出，人类记忆系统包含语言编码与非语言编码双通道。当信息同时通过视觉、听觉、触觉等多重感官输入时，会激活不同脑区形成交叉记忆网络。这种多重表征不仅提升记忆强度，还能在任意感官线索触发时，自动激活形成完整的记忆图谱。

现代人面临一种双重困境，一是注意力碎片化，日均接收信息量相当于18世纪人一生的积累，导致记忆存储深度持续下降；二是体验同质化，73%消费者表示“去过的地方都像复制粘贴”。在组织活动中，掌握记忆点设计技巧，相当于为活动安装了“认知防滑链”，让参与者印象深刻。

暖场高手这样做

1. 五感轰炸法：用感官刺激打造记忆锚点

五感轰炸法是借助视觉、听觉、嗅觉、味觉和触觉的全方位刺激来构建对方的记忆锚点。

在视觉层面，暖场者可运用“矛盾美学”营造记忆反差。例如将现代激光投影与老榆木茶台相结合，古老与现代元素碰撞，形成时空折叠般的视觉锚点，给人带来强烈的视觉震撼。在美食节活动中，除了布置色彩鲜艳的摊位、展示精美的食物摆盘、用绚丽的灯光营造氛围外，还可融入此类视觉冲突设计，如在传统中式美食摊位旁，设置一个未来感十足的食物造型投影，吸引参与者目光，加深视觉记忆。

听觉层面，暖场者可开发“环境声景算法”，依据受众动作实时调整背景音。例如，在一个充满文化氛围的空间里，当顾客翻书时，自动触发雨打芭蕉的音效，让声音与动作完美契合，增强听觉沉浸感。在艺术展览中，除了播放与作品风格匹配的音乐外，也可以引入这种动态音效设计。

比如观众靠近一幅描绘田园风光的画作时，周边音箱会自动播放鸟鸣虫叫的声音，使观众仿佛置身于画中场景，强化听觉记忆。

嗅觉层面，暖场者可采用“记忆唤醒香型”，将能唤起特定记忆的香气融入其中，如把童年麦芽糖香气融入茶点，激活大脑边缘系统的情绪记忆。在美食节上，当食客品尝美食时，空气中弥漫着儿时熟悉的零食香气，会瞬间被勾起童年回忆，加深对美食及活动的记忆。在艺术展览特定展区，散发与主题相关的独特香气，如在历史文化主题展区，散发淡淡的古木香气，营造浓厚的历史氛围，强化嗅觉记忆。

以苏州丝绸博物馆为例，在展柜底部设置发热装置，游客触摸冰凉丝绸时，掌心会感受到37℃左右的温热（人体正常体温），同时配合栀子花香喷雾，让游客仿佛穿越回古代闺阁，从触觉、嗅觉多维度形成独特的沉浸体验，深刻烙印在记忆中。通过五感轰炸，让参与者在多个维度留下深刻记忆，使活动更具吸引力与感染力。

2. 仪式感设计：想方设法留下深刻印象

在举办活动时，仪式感设计可让活动更显庄重且独特，其核心在于动作符号化与道具赋能。

动作符号化是将简单流程升华为文化仪式，像奉茶时行“凤凰三点头”手势，这一特定动作成为肌肉记忆触发点，赋予动作更深层文化内涵。在企业年会颁奖仪式中，获奖者走红毯入场、接受聚光灯照耀及全场掌声；颁奖嘉宾在颁奖时，可融入类似具有文化意义的动作，比如以特定礼仪姿势将奖杯递交给获奖者，让仪式更具仪式感与文化底蕴。

道具赋能则是设计可带走的记忆载体，如茶票、火漆印章等，使线下动作延伸为线上传播素材。在亲子阅读活动的“阅读启动仪式”上，除了让孩子们和家长一起手持书本许愿、翻开书本阅读外，还可设计一款专属的阅读纪念书签，印上活动标志与孩子的名字。孩子将书签带回家，能随时回忆起活动场景，也可能通过在社交平台分享书签传播活动。

执行范式可分为以下三步：

第一步设计认知路标，在关键节点设置必须完成的动作，如盖章认证、投掷许愿币等，构建记忆里程碑。在一场文化体验活动中，设置多个打卡点，参与者在每个打卡点完成特定盖章动作，随着盖章数量增加，参与者对活动的记忆逐步加深。

第二步制造意外惊喜，当顾客完成三次消费后，突然激活隐藏剧情，如老掌柜现身讲述祖辈茶事，给顾客带来意想不到的体验，增强记忆点。

第三步搭建传播跳板，在仪式道具设置“传播缺口”，如未完成的茶诗卷轴，激发顾客主动询问并传播。以西安古法酿酒坊为例，顾客用木槌敲击铜钟后方可品酒，钟声与酒香形成条件反射，两年内该动作被 270 万条短视频标记“# 人生第一杯仪式感”，成功借助仪式感吸引关注并广泛传播。

3. 故事化讲述：让暖场内容更易被记住

故事化讲述能让暖场内容生动有趣。在一场环保主题活动中，主持人讲述一个关于一只小海龟因为海洋污染而陷入困境的故事。详细描述小海龟在满是塑料垃圾的海洋中艰难游动，被塑料绳缠住四肢的痛苦场景。通过这个故事，引发参与者对环保问题的关注和思考，让他们更容易理解环保的重要性。

在一场创业分享会中，创业者分享自己的创业故事。从最初的创意萌芽，到遇到资金短缺、技术难题等困境，再到如何克服困难取得成功。这种故事化的讲述方式，让听众更容易产生共鸣，在记住创业者的经验和教训的同时，也能感受到创业的艰辛与魅力。

巧妙制造“群体记忆”

有一座充满活力的城市，举办了一场盛大的户外音乐节。音乐节现场，来自各地的乐迷们满怀期待地汇聚于此。主办方精心策划，巧妙地制造“群体记忆”，让这场音乐节成为众人难忘的经历。

音乐节开场，知名乐队登上舞台。主唱用极具感染力的嗓音和热情洋溢的表演，瞬间点燃了现场气氛。他们开场演唱的是一首经典的励志曲目，旋律激昂，歌词充满力量。主唱引导观众一起唱，乐迷们纷纷跟随着节奏，大声唱出每一句歌词。在主唱的带动下，观众们的情绪被充分调动起来，脸上洋溢着兴奋与激情，整个现场沉浸在一片热烈的氛围中。

随着演出的进行，主办方安排了一个特别环节。他们在舞台前方设置了一个巨大的彩色气球方阵，每个气球上都印有音乐节的标志。当音乐进入高潮时，主持人号召观众一起放飞气球。刹那间，数千个彩色气球缓缓升空，在阳光的照耀下，形成了一道绚丽多彩的风景线。观众们纷纷拿出手机拍照，记录下这一美好的瞬间，现场的气氛达到了顶点。观众们共同参与这个特别的环节，形成了独特的群体行为，大家也共享了这段美好记忆。

在音乐节的最后，所有乐队一起登上舞台，共同演奏了一首经典的合唱曲目。观众们手挽手，肩并肩，一起随着音乐摇摆、歌唱。此时，整个音乐节现场仿佛成为了一个充满爱与激情的大家庭，大家共同创造了一段难以忘怀的群体记忆。这场音乐节结束后，许多乐迷在社交媒体上分享自己的感受，纷纷表示这次音乐节的体验将永远留在他们的心中，那些共同欢呼、歌唱、放飞气球的时刻，成为了他们生命中宝贵的回忆。

制造“群体记忆”能让参与者产生强烈的归属感和认同感，当大家共同经历某个难忘的时刻，会感觉自己是群体中的重要一员。群体记忆能加深参与者对活动的印象，使活动在众多信息中脱颖而出。通过共同的体验，参与者之间的联系更加紧密，促进了人际关系的和谐发展。

在商业活动中，制造群体记忆可以提升品牌形象，增强消费者对品牌的忠诚度；在文化活动中，制造群体记忆有助于文化的传承与传播，让更多人对文化产生兴趣和热爱。群体记忆还能激发参与者的情感共鸣，让大家在活动中获得更多的情感满足，提升活动的整体效果和影响力。

心理学小展板 群体记忆效应

群体记忆效应是指群体成员对过去事件、经历、知识等的共同记忆和认知，以及这些记忆在群体层面上的表现、形成机制和影响，它是一个重要的心理学原理。

制造群体记忆的技巧可以根据不同活动类型和目标受众进行灵活调整，具有很强的适应性。对于活动组织者而言，掌握此技巧能展示其策划能力和对活动氛围的把控能力，提升活动的品质。制造群体记忆能够增强活动的吸引力和影响力，为参与者带来独特的体验，促进活动目标的实现。无论是推广产品、传播文化还是增进人际关系，制造群体记忆都能在其中发挥重要作用。

暖场高手这样做

1. 调动群体情绪，让观众感同身受

调动群体情绪是制造群体记忆的关键一步。在一场校园运动会开幕式上，学校邀请了一位知名的奥运冠军作为嘉宾。奥运冠军分享了自己在赛场上克服重重困难、最终夺冠的故事，他的讲述充满激情，将自己在训练和比赛中的艰辛、坚持以及夺冠时的喜悦都生动地展现出来。同学们被他的故事深深打动，眼中闪烁着敬佩和向往的光芒，情绪逐渐被调动起来。此时，现场播放起激昂的音乐，大屏幕上展示着运动员们拼搏的精彩瞬间，进一步激发了同学们的热情。在奥运冠军的带领下，全体同学一起高呼口号，为运动会加油助威，整个校园充满了活力与激情。

在一场公益活动启动仪式上，活动组织者播放了一段关于贫困地区儿童生活现状的视频。视频中，孩子们艰苦的生活环境、渴望知识的眼神以及对未来的憧憬，让在场的观众们深受触动。接着，一位志愿者上台分享了自己在贫困地区支教的经历，讲述了与孩子们相处的点点滴滴。观众们

被志愿者的讲述所感染，不少人眼中泛起了泪花。此时，主持人号召大家为贫困地区的儿童献出爱心，现场气氛热烈，观众们纷纷慷慨解囊，积极参与到公益活动中来。这些方式成功调动了群体情绪，让观众们感同身受，为制造群体记忆奠定了基础。

2. 引导群体行为，营造热烈氛围

引导群体行为能有效营造热烈氛围，强化群体记忆。在一场商场促销活动中，商场设置了一个“限时抢购”区域，规定在特定时间内，该区域的商品享有大幅度的折扣。

活动开始前，商场工作人员通过广播和现场引导，告知顾客抢购规则和时间。当抢购时间一到，工作人员带头冲向“限时抢购”区域，顾客们看到工作人员的行动后，纷纷跟随。大家有序地挑选商品，现场气氛热烈。在抢购过程中，工作人员还不断提醒顾客注意安全，维持秩序。这种引导群体行为的方式，让顾客们共同参与到抢购活动中，营造出了热烈的氛围，也让顾客们对这次促销活动留下了深刻的印象。

在一场社区文化节上，社区组织了一场集体舞蹈活动。活动现场，专业舞蹈老师在舞台上示范舞蹈动作，邀请居民们一起参与。起初，只有少数居民勇敢地走上舞台，跟着老师学习舞蹈。随着舞蹈音乐的节奏越来越欢快，老师不断鼓励台下的居民加入。在这些率先参与的居民的带动下，越来越多的居民走上舞台，大家手拉手，一起跟着音乐舞动。现场充满了欢声笑语，居民们在共同的舞蹈中增进了彼此之间的感情，营造出了热烈、和谐的社区氛围，形成了独特的群体记忆。